沱江流域高质量发展研究中心课题（项目号：TJGZL2024-06）

西华大学人才引进项目"中国文化对企业社会责任的影响研究"
（项目号：w2420114）

# 中国文化与企业社会责任履行行为研究

蒯依澄 著

西南财经大学出版社

中国·成都

**图书在版编目（CIP）数据**

中国文化与企业社会责任履行行为研究/蒯依澄著.
成都:西南财经大学出版社,2024.7. --ISBN 978-7-5504-6230-4
Ⅰ.K203;F279.2
中国国家版本馆 CIP 数据核字第 2024BT1184 号

## 中国文化与企业社会责任履行行为研究
ZHONGGUO WENHUA YU QIYE SHEHUI ZEREN LÜXING XINGWEI YANJIU

蒯依澄　著

策划编辑:何春梅
责任编辑:肖　翀
助理编辑:徐文佳
责任校对:邓嘉玲
封面设计:墨创文化
责任印制:朱曼丽

| | |
|---|---|
| 出版发行 | 西南财经大学出版社(四川省成都市光华村街 55 号) |
| 网　　址 | http://cbs.swufe.edu.cn |
| 电子邮件 | bookcj@ swufe.edu.cn |
| 邮政编码 | 610074 |
| 电　　话 | 028-87353785 |
| 照　　排 | 四川胜翔数码印务设计有限公司 |
| 印　　刷 | 成都市新都华兴印务有限公司 |
| 成品尺寸 | 170 mm×240 mm |
| 印　　张 | 9.25 |
| 字　　数 | 218 千字 |
| 版　　次 | 2024 年 7 月第 1 版 |
| 印　　次 | 2024 年 7 月第 1 次印刷 |
| 书　　号 | ISBN 978-7-5504-6230-4 |
| 定　　价 | 82.00 元 |

# 前言

长久以来，企业社会责任一直是全球企业的战略关注点。企业履行社会责任响应了消费者和投资人的关注。随着中国社会对可持续发展战略和构建和谐社会等发展理念的推进，履行社会责任逐渐成为中国企业保持良好发展、建立竞争优势的必然选择。《中华人民共和国国民经济和社会发展第十四个五年规划和 2035 年远景目标纲要》中多次提及企业履行社会责任的重要性，要求实现"更高质量、更有效率、更加公平、更可持续、更为安全的发展"。习近平总书记强调："只有真诚回报社会、切实履行社会责任的企业家，才能真正得到社会认可，才是符合时代要求的企业家。"因此，规范和加强企业对于社会责任的履行，引导企业正确看待履行社会责任对自身和外部环境的影响，对企业和社会的长远发展都有着重要的意义。

学术界针对文化对经济活动的影响的讨论由来已久。企业的发展和经营活动离不开具体赖以生存的文化环境，文化通过影响企业经营过程中的社会规范和管理者的道德观念，影响企业的最终决策。在研究企业行为的影响因素时，作为一类典型的非正式制度，文化往往能解释一些个体特征及正式制度环境因素无法解释的差异。因此，讨论企业行为的动因，文化的作用不可忽视。

中国是一个历史底蕴深厚、文化内涵丰富的文明古国、文化大国，因此是探究文化与企业行为关系的天然而理想的场景。本书基于中国的制度背景，从内涵不同的文化出发，考察文化这一典型的非正式制度对于企业社会责任履行的影响，以期为学术界更好地理解我国企业社会责任履行差异背后的非制度性因素，从而为制定契合我国各地区文化环境的经济政策和发展战略提供有效的实证支撑。

中华文化博大精深，源远流长，具有几千年历史的传统文化不断流传，现代文化的根基日益稳固。中国传统文化是现代文化的根基，现代文化是中国传统文化的继承与发展。新时代的中华文化，是传统文化与现代文化的有机结合。本书从具有中国特色的文化入手，基于企业社会责任的多个表现维度，利用沪深两市 A 股上市公司数据，实证考察了我国企业社会责任的内在文化基因，得到的主要结论如下：

第一，集体主义文化是中华文明的主轴，是新时代中国特色社会主义的核心价值理念。企业慈善捐赠是企业履行社会责任的最高层级的决策，也是中国社会实现共同富裕的有效途径，是企业为社会集体做贡献的表现之一。本书从企业慈善捐赠的角度考察集体主义文化对企业社会责任履行的影响。研究发现，企业所在地的集体主义文化越浓厚，企业慈善捐赠水平越高。在企业面临财务和经营困境时，如遭遇较多融资约束和较大自然灾害损失时，集体主义文化的作用更加显著，验证了集体主义的利他思想对企业捐赠的利他动机的促进作用。在慈善捐赠助力实现共同富裕的过程中，当企业所在地的第一、二次分配机制不足时，即正式制度较为欠缺时，集体主义文化的作用更大。以上主要结论在进行一系列稳健性检验、使用 Heckman 两步法和采用降雨量数据作为工具变量解决内生性问题后，仍然保持一致。

第二，社会信任从古至今都是中国文化的道德基础，是中国人的安身立命之本，也是社会经济发展的基石。通过对我国企业社会责任履行的整体表现进行分析，本书的研究发现企业所在地的社会信任水平越高，企业社会责任履行表现越好。当企业内、外部治理水平较差时，即董事会女性占比较低、外资参股比例较低、市场化程度较低以及法律保护水平较低时，社会信任对企业社会责任的影响更大。此外，社会信任可以通过提高企业绩效，如降低系统性风险以及减少融资约束，鼓励企业履行社会责任。在改变社会信任和企业社会责任的衡量标准，并使用倾向得分匹配方法和使用语言多样性作为工具变量解决内生性问题后，主要结论依旧稳健。

与现有文献相比，本书的主要贡献在于：

第一，丰富了有关文化和企业行为的研究。本书的研究是文化经济学领域的拓展与应用。当前针对我国文化与经济、金融行为的讨论仍处于发展阶段，需要挖掘更多的经验证据，以考察文化大国中企业行为背后的文化基因。本书通过将新制度经济学理论、高阶梯队理论与烙印理论等文化经济学理论，与企业社会责任相关理论进行有机结合，较为全面、系统地将我国文化与金融的研究，拓展到了企业社会责任领域，丰富了文化经济学研究视角。

第二，拓展了企业社会责任影响因素的相关研究。现有研究企业社会责任动因的文章，集中讨论了正式制度和企业内部的治理结构或经营状况的影响。文化作为社会发展的重要影响因素，同时也是企业生存和发展的重要环境因素，其对企业社会责任的影响尚未被系统性地挖掘。本书结合企业慈善捐赠决策以及整体社会责任表现等多个维度的企业社会责任决策，利用中国数据的独特优势，分析同一制度背景下不同文化及其内涵对于企业社会责任履行的影响，弥补了现有研究的不足，拓宽了企业社会责任动因研究的思路。

第三，补充了有关非正式制度与正式制度协同治理的讨论。非正式制度在治理中对正式制度的替代作用一直都是学者们关注的重点。本书从企业社会责任的视角入手，为非正式制度在公司治理中的作用提供证据。我国正式制度对企业社会责任的规范正在逐渐完善，寻找关键的非正式制度替代因素以弥补正式监管中的漏洞，从而加快企业社会责任建设也至关重要。本书通过分析文化对企业社会责任的影响，揭示了非正式制度与企业行为决策之间的关系及其理论解释，这对于相关部门更深刻地认识中国企业社会责任行为动因，督促企业履行社会责任具有积极的借鉴意义。

本书的研究还具有以下现实启示：

第一，继续贯彻落实可持续发展战略，实现企业经济与社会民生的共同发展。在监督和鼓励企业履行社会责任的过程中，从多方面约束管理层和企业的决策行为，如监督企业依法纳税，激励企业慈善捐赠，使公司在考虑经济层面对股东负责的同时，兼顾到环境和社会影响，有效激励企业加强社会责任的履行，实现企业经济责任和社会责任的动态平衡，从而提升企业的竞争力，增强投资者的信心。

第二，培养文化自信，让优秀文化思想助力企业和社会发展。中国是一个具有五千年历史的文化大国，我们要坚持弘扬和发展传统文化的优良思想，取其精华，去其糟粕，对企业决策进行软性约束。同时，要积极发扬符合现代发展观念的先进文化，在中国特色社会主义经济制度下，用新时代的先进文化观念，指导传统文化健康传承，引领企业发展。站在新的历史起点，要贯彻落实习近平总书记的"七一"重要讲话精神，着眼于实现第二个百年奋斗目标，使企业与国家发展战略同频共振。

第三，重视正式制度与非正式制度的协同治理。通过将文化等非正式制度与正式制度的执行环境有机结合，可以更高效地约束管理层和企业的行为决策。对于正式制度尚未完善的治理细节，以文化为代表的非正式制度可以对其进行补充，从思想道德层面对企业及其管理者进行软性约束，发挥制度间"1+1>2"的协同合作作用。

本书的研究受到了"沱江流域高质量发展研究中心课题"（项目号：TJGZL2024-06）以及西华大学人才引进项目"中国文化对企业社会责任的影响研究"（项目号：w2420114）的资助。

蒯依澄

2024 年 6 月

# 目录

# 第一章 绪论

## 第一节 研究背景与研究意义

### 一、研究背景

党的十八大以来，中国特色社会主义进入了新的发展阶段，企业社会责任（Corporate Social Responsibility，CSR）逐步被纳入全面深化改革大局。近年来，随着生产中安全事故、产品质量问题、环境污染和员工权益受损等社会事件得到曝光和处理，企业社会责任逐渐成为备受公众关注的热点话题。企业社会责任是指企业在为股东创造最大利润的同时主动承担对企业利益相关者的责任（Freeman，1984）。党的十八届四中全会首次提出"加强企业社会责任立法"；党的十八届五中全会进一步提出要"增强国家意识、法治意识、社会责任意识"；党的十九大报告强调"强化社会责任意识、规则意识、奉献意识"。《中华人民共和国国民经济和社会发展第十四个五年规划和2035年远景目标纲要》中也多次提及企业履行社会责任的重要性，要求实现"更高质量、更有效率、更加公平、更可持续、更为安全的发展"。习近平总书记在2020年的企业家座谈会上强调："只有真诚回报社会、切实履行社会责任的企业家，才能真正得到社会认可，才是符合时代要求的企业家。"企业积极履行社会责任可以将企业内部资源与外部社会资源进行持续高效的整合，进而引导国家的社会进步和可持续发展，最终创造社会共享价值。因此，企业履行社会责任对于国民经济和社会发展来说，已经成为重要的战略性资源。

与部分发达国家相比，我国企业社会责任的实践起步较晚，因此企业社会责任感还相对淡薄。曾任全国政协常委、国务院参事的著名经济学家任玉岭在接受《中国经济周刊》采访时认为，我国企业应针对经济社会发展和企业社会责任所暴露出的问题，研究和制定符合中国国情的社会责任标准（黄乐桢，2005）。作为经济转型时期的发展中国家，为保持社会经济的可持续发展，落实生态文明建设，以法律法规为主的正式制度对于我国企业履行社会责任的规范和约束作用正在逐渐完善。自 2005 年以来，我国政府和社会各界陆续发布了多条有关企业社会责任履行的指导意见，旨在规范企业社会责任的履行。国务院国有资产监督管理委员会制定并发布的《关于中央企业履行社会责任的指导意见》从履行社会责任的意义、原则、内容与主要措施等方面对中央企业提出了要求，指出中央企业在追求经济效益的同时，要对利益相关者和环境负责，实现企业发展与社会、环境的协调统一。

然而，目前我国企业在社会责任履行过程中的表现仍然不甚理想。根据 KPMG 发布的 *The KPMG Survey of Sustainability Reporting 2022* 显示，2022 年中国百强企业中 79% 的公司发布了企业可持续发展报告。自 2008 年起，第三方机构润灵环球责任评级[①]（Rankins CSR Ratings, RKS，以下简称"润灵环球"）开始编制并发布 A 股上市公司社会责任报告的评价报告。在近十年的报告中，各参评企业评分普遍偏低。另一家第三方评级机构和讯网[②]从 2010 年开始，针对上市公司在股东责任、员工责任、供应商、客户和消费者权益责任、环境责任、社会责任等多个方面的社会责任表现进行评分。与润灵环球的评价报告类似，企业间的得分普遍较低，且在各单项中的表现也参差不齐。由此看来，我国企业的社会责任表现无论是积极性还是规范性都有待提高。仅仅依赖正式制度对企业社会责任的履行过程进行约束和规范，目前效果尚不理想。

---

① http://www.rksratings.cn.

② https://www.hexun.com.

从立法和执法的角度来看，包括我国在内的转型或新兴经济体国家的法律制度尚不完备，非正式制度因素在法律等正式制度相对落后的国家和地区对经济增长的促进作用更加明显（王艳和李善民，2017）。中国企业的社会责任履行意识和表现还有很大的发展和进步空间，除了接受来自正式制度的规制之外，也离不开非正式制度的约束与激励作用。艾伦等（Allen et al.，2005）指出，与发达国家相比，我国的投资者保护体系、政府监管和信息环境维护制度都尚不完善。因此在理解我国社会和经济问题时，非正式制度的影响不可忽视（陈冬华等，2013）。非正式制度是人们在长期的交流互动中逐渐形成，并得到社会成员广泛认可、共同遵守的行为准则。不同于国家中央和地方政府以及相关部门出台的法律、法规和合同等成文规定所代表的正式制度，非正式制度通常通过对价值信念、道德伦理、意识形态等方面的塑造，指导个体或族群的行为和决策。

文化是一类典型的非正式制度，是指导一个国家的决策和行为的不成文的行为准则（North，1990）。文化既可以从微观层面影响个体的认知决策和个体间的合作互动，又可以在宏观层面推动国家立法和相关治理战略的落地。作为微观经济的重要主体之一，企业的经营与发展总是嵌入它们赖以生存的文化环境当中。关于文化对经济活动影响的研究由来已久，从20世纪初马克思·韦伯（Max Weber，1903）论述文化伦理与商业活动之间的联系，到20世纪90年代内克和基弗（Knack & Keefer，1997）将文化引入主流经济学，探讨社会信任对宏观经济绩效的影响，再到近年来越来越多的学者从不同维度开始研究文化对宏微观主体活动决策的作用机制（Guiso et al.，2004；潘越等，2009；Alesina & Giuliano，2015；等等），形成了较为全面的文化经济学理论体系。张川川和李涛（2015）指出，在针对我国的研究中，文化对个体决策行为的探讨还处于起步阶段，有待于学界进行更加深入的探讨。因此，本书基于文化的视角，讨论我国企业社会责任的非正式制度影响因素。

中国是研究文化与经济行为决策的"理想实验室"（戴亦一等，2016）。使用中国数据可以很好地探究文化对经济活动的影响。首先，将研究对象限制在一个经济体内部，可以保证正式制度背景的基本一致，从而更好地识别文化对经济行为的影响。其次，中国是一个拥有五千年历史的文明古国，作为精神主轴的集体主义文化和作为道德基础的社会信任，从古至今影响着中国的发展。中华文化源远流长，很多文化分支都是具有中国特色的集体主义文化的体现。代表着中华文化价值思想的内核和精髓的集体主义文化，培育了符合时代特征的社会主义核心价值观，深刻地影响着社会发展进程（戴亦一 等，2017）。同时，无论是哪种内涵的文化，信任都在其中发挥了不可忽视的作用，指导着道德规范的建立。再次，探究文化对于企业社会责任的影响，要求文化氛围具有一定程度的地域差异。我国幅员辽阔，拥有五十六个民族和八十余种地方方言，文化差异明显，这为本书的研究提供了天然、优良的数据条件。最后，我国企业在内部结构和外部环境上都存在明显的差异，便于深入理解文化影响企业社会责任履行的作用机理。因此，中国数据为本书提供了良好的实证基础。

基于以上社会现实与研究现状，本书立足于中国场景，探讨文化对企业履行社会责任的影响。具体来说，本书依次从中国社会的主轴文化——集体主义文化，以及中国社会的道德基础——社会信任文化入手，考察文化对我国企业履行社会责任的影响。本书尝试将文化这一典型的非正式制度与我国企业现状相结合，为当代公司治理提供更多的理论支撑、经验证据与政策启示。

## 二、研究意义

企业履行社会责任关系到社会经济的可持续发展，可以有效促进经济与社会的整合。文献中关于我国企业的社会责任表现如何受到非正式制度的影响的论述仍然缺少证据支持。探究文化这一非正式制度如何规范和鼓励企业社会责任的履行，引导企业正确看待履行社会责任对自身和外部环境的影响，对我国企业和社会的长远发展都有着重要的意义。

（一）理论意义

首先，从企业社会责任的相关理论来看，目前学界的观点并不一致。

传统经济学理论认为，作为"理性经济人"，企业只需要关注自身利润和市场绩效。而包括利益相关者理论在内的观点则认为，企业不应只承担经济责任，其作为"社会公民"的社会责任也应履行。本书从文化入手，探讨非正式制度对企业社会责任的影响，可以尝试回答企业社会责任到底是企业自利的工具还是利他逻辑的体现，同时为企业履行社会责任的动机与其中的机制提供一定的参考。

其次，经过四十余年的改革开放，中国已成为世界第二大经济体以及最大的新兴市场。文化是一个国家发展进程中不可或缺的一部分，探索中国文化在经济活动中的指导角色意义重大。中国企业社会责任活动起步较晚，与欧美发达国家相比，缺少更加完善的正式制度的规范和保护，因此非正式制度的作用更容易突显。使用中国的数据进行研究，可以更加有效地识别中国文化对企业社会责任的影响作用。同时，中国社会拥有丰富且深厚的历史文化底蕴，这为识别在影响企业活动的过程中文化间的协同与互动，特别是传统文化与现代先进文化的碰撞与融合，提供了更加独特的经验证据。

再次，关于企业社会责任的影响因素，文献从多个角度进行了探讨。在企业内部结构方面，公司董事会结构、高管结构以及股权结构均会对企业社会责任的表现造成影响（王海姝 等，2014；Lau et al.，2016）。在对外部环境因素的探究中发现，不同国家的企业履行社会责任的表现，与本国的法律制度密切相关（Liang & Renneboog，2017）。本书从中国文化入手，较为系统地分析了这一典型的非正式制度因素对企业社会责任的影响，对文献进行了补充。

最后，近年来随着文化经济学研究领域的兴起，越来越多的经济行为被发现会或多或少地受到文化环境的影响。例如，宏观层面的经济发展（Guiso et al.，2004；Guiso et al.，2006；李金波和聂辉华，2011；等等），公司层面的财务特征和风险决策（潘越 等，2009；戴亦一 等，2016），以及个体层面的移民、就业决策和储蓄行为（郭云南和姚洋，2013；陈斌开和陈思宇，2018；等等）。与此同时，学者们也开始探讨企业履行社会责任的文化动因（Cai et al.，2016），但相关研究并不系统和完善。在中国的历史背景下，文化的内涵是丰富的，既有指导中国文化的精神主轴——集体主义文化，又有各类文化的道德基础——社会信任文化。本书的研究较为系统地讨论了中国文化中的精神主轴和道德基础在企业履行社会责任过程中的指导和规范作用，以及文化与正式制度之间的融合协同关系。

（二）现实意义

其一，《"十四五"文化发展规划》指出，"文化是国家和民族之魂，也是国家治理之魂。没有社会主义文化繁荣发展，就没有社会主义现代化"。只有坚定文化自信，才能不断发展与完善中国特色社会主义文化，把我国建设成社会主义文化强国。如何将文化软实力的积淀与物质硬实力的日益强大有机结合，用文化助力经济增长和社会发展，是当前国家战略和政府工作的重要命题。本书从企业履行社会责任的决策和表现入手，为如何在经济实体的实践中弘扬传统文化的优良思想，践行社会主义文化价值观，坚持中国特色社会主义文化的指导，对企业决策进行软性约束，提供政策启示。具体来说，我国应该继续坚持集体主义的精神主轴，坚守社会信任的道德基础，并将这些文化精髓运用于公司治理当中。

其二，本书的研究发现为企业社会责任相关的政策制定提供了更多来自非正式制度，即文化视角的治理思路。引导企业积极履行社会责任，可以促进企业可持续发展，提升企业核心竞争力。在依靠法律法规等正式制度规范企业对社会责任的认知及履行的同时，还要善于继承传统文化之精华，发扬当代文化之优势，把中华优秀的文化资源充分转化为强大的现实生产力。本书为积极响应习近平总书记"坚持中国特色社会主义文化发展道路，激发全民族文化创新创造活力，建设社会主义文化强国"的重要讲话，提供了指引和借鉴。

## 第二节　研究思路与研究方法

### 一、研究思路

本书尝试研究文化对于中国企业社会责任履行的影响，从集体主义文化和社会信任入手，分别考察不同文化内涵和背景对企业社会责任履行的影响。本书总共分为六个章节，分别按照以下研究思路展开。

第一章是绪论。此部分首先阐述本书的研究对象，即文化对中国企业社会责任履行行为影响的研究背景和意义，包括对理论背景和实证现状的概述，以及本书的理论意义和现实意义。其次介绍整体研究思路、每章使用的研究方法，以及研究框架。最后是对本书主要创新点的总结。

第二章是理论基础。通过梳理与本书研究内容相关的理论，形成较为完善和清晰的理论框架。具体的理论包括与文化相关的新制度经济学理论、高阶梯队理论、烙印理论，以及与企业社会责任相关的理论，如股东至上理论、利益相关者理论、组织合法性理论等。

第三章是文献回顾与评述。首先从文化的定义与内涵入手，重点回顾本书关注的主要文化特征。其次梳理了文化对经济活动影响的相关研究。最后对企业社会责任的相关文献进行评述。

第四章和第五章是本书的实证分析部分，依次探讨集体主义文化和社会信任对我国企业社会责任履行的影响。第四章讨论集体主义文化对企业社会责任履行行为的影响。本章从企业慈善捐赠这一重要的企业社会责任决策入手，使用2003—2020年我国A股上市公司的样本，发现企业所在地的集体主义文化越浓厚，企业慈善捐赠水平越高。这一主要结论在进行一系列稳健性检验和解决内生性问题后，仍然保持一致。在企业面临较多融资约束和较大自然灾害损失时，以上作用更加显著，验证了集体主义的利他思想对企业捐赠的利他动机的促进作用。进一步地，企业慈善捐赠作为第三次分配的重要途径，可以有效促进实现共同富裕。同时，当企业所在地的第一、二次分配机制不足时，即正式制度较为欠缺时，集体主义文化发挥的作用更大。

第五章讨论社会信任对企业社会责任履行行为的影响。本章从企业整体的社会责任履行表现入手，选取润灵环球于 2009—2018 年编制的社会责任报告中评价指数数据所涉及的公司为样本，分析地区社会信任如何影响企业社会责任。研究发现，企业所在地的社会信任水平越高，企业社会责任履行表现越好。在改变社会信任和企业社会责任的衡量标准，并使用倾向得分匹配方法和使用语言多样性作为工具变量解决内生性问题后，主要结论依旧稳健。进一步地，企业内外部治理水平在社会信任与企业社会责任的关系中有一定的调节作用。在董事会女性占比较低、外资参股比例较低、市场化程度较低以及法律保护水平较低的企业中，社会信任对企业社会责任履行的影响更大。社会信任可以通过提高企业绩效，如降低系统性风险以及融资约束，鼓励企业履行社会责任。

第六章是本书的研究结论、启示与展望。本章首先对全文的研究发现进行总结，然后针对企业社会责任履行的相关政策制定，借助文化推动企业社会责任履行的方式以及社会精神文明建设，提出了政策建议。最后论述本书的不足与局限，并通过对未来研究方向的思考进行展望。

## 二、研究方法

本书结合多种研究方法，系统地探究文化对企业社会责任履行的影响。具体包括：

### （一）定性分析与定量分析结合法

总的来说，本书的研究建立在以逻辑梳理和文字描述为主导的定性分析与以微观经济模型识别为核心的定量分析相结合的基础之上。一方面，基于对理论和实证研究现状的梳理，定性地把握文化对企业社会责任的影响，从整体上确定本书研究的方向。另一方面，依据统计数据建立经济学模型，对主要研究问题进行定量的补充分析。定性分析与定量分析的结合，保证了本书的研究能够得到更加科学、准确和深入的结论。

（二）文献研究法

为定性地分析主要研究内容，本书具体使用文献研究法。以中国知网、维普期刊资源整合服务平台、超星期刊、Elsevier、Wiley 等国内外公开期刊资源库为主要搜索对象，收集并整理大量相关文献，全面、细致地回顾和学习与本书关联密切的理论，包括企业社会责任相关理论、新制度经济学理论、烙印理论和高阶梯队理论等。此外，梳理并评述国内外关于文化和企业社会责任的实证研究，提炼文化对经济活动影响的相关研究和企业社会责任的相关研究的研究现状、研究思路与主要研究方法，总结现有研究的经验和不足，对本书研究问题进行总体的归纳和把握。

（三）计量经济模型研究法

基于文献研究法奠定的基础，本书进一步使用计量经济模型研究法。借助来自国家统计局、国泰安数据库（China Stock Market & Accounting Research Database，CSMAR）、中国研究数据服务平台（Chinese Research Data Services Platform，CNRDS）等公开数据库的宏微观统计数据，使用普通最小二乘法（Ordinary Least Square，OLS），对社会信任对企业社会责任的影响和集体主义文化对企业慈善捐赠的影响这两个主要研究问题进行基准分析。在各章的稳健性分析中，还使用 Logistic 回归模型和 Tobit 回归模型等方法进行检验。同时，使用两阶段最小二乘法（Two Stage Least Square，2SLS）、倾向得分匹配法（Propensity Score Matching，PSM）等模型解决研究问题中可能存在的内生性问题。最后，基于文献中的理论和实证发现，针对各章关注的研究问题进行异质性分析、机制分析等补充检验。计量经济模型的应用，确保了本书研究方法的科学性以及研究结论的准确性。

三、研究框架

基于以上研究背景和研究思路，本书实证部分的研究框架如图 1-1 所示。

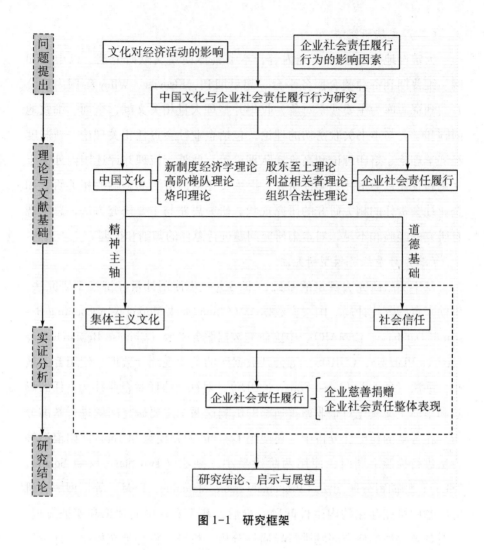

图 1-1　研究框架

# 第三节　研究的主要创新点

本书的创新之处主要有以下几点。

第一，研究视角的创新。现有研究企业社会责任动因的文章集中讨论正式制度的规制和企业内部的治理结构或经营状况的影响。文化作为社会发展的重要影响因素，同时作为企业生存和发展的重要环境，其对企业社会责任的影响尚未被深入地挖掘。当前关于企业社会责任的文化动因的讨论，也大多集中于跨国层面的研究，但是国际视角的证据无法很好地排除其他宏观因素的干扰，因此识别结果的准确性存在一定偏差。本书利用中国数据的独特优势，立足于同一制度背景，分析不同文化及其内涵对于企业社会责任履行的影响，弥补了现有文献的不足，丰富了文化经济学研究视角，同时拓宽了企业社会责任动因的研究思路。

同时，本书立足于中国独特的文化制度场景，通过讨论在影响企业社会责任过程中，中国社会的精神主轴和道德传统等文化基因的影响，对中国特色政治文化的经济后果进行了有力补充。本书的经验证据为社会坚定文化自信，对传统文化取其精华、去其糟粕，以现代先进文化指导传统文化繁荣发展，并合力推动社会经济发展，提供了实证支持。

此外，关注企业社会责任的文献，大多运用第三方评级机构的数据，集中讨论企业整体的社会责任表现。而企业社会责任表现是体现在多方面的，包括社会责任金字塔模型中的最高层级——慈善捐赠。本书通过结合企业在慈善捐赠决策和整体社会责任表现中的行为，更加全面地探究文化对企业社会责任履行的影响，丰富了社会责任相关研究的讨论内容。

第二，理论应用的创新。本书的研究是对文化经济学理论的拓展与应用。通过将新制度经济学理论、高阶梯队理论与烙印理论等经典理论与企业社会责任相关理论进行有机结合，为相关理论的交叉性研究提供新的实践证据。首先，依据新制度经济学理论为本书构建基本研究框架，确定正式制度和非正式制度均会影响并塑造个体行为决策，并体现在企业社会责任表现决策中的基本论点。其次，结合高阶梯队理论，试图寻找文化通过影响企业管理层的认知，进而决定企业决策的作用途径，从企业社会责任的视角，为高阶梯队理论提供更多经验支撑。再次，基于烙印理论，关注管理者生长环境的文化烙印，及其对成年后经营企业的影响，拓展了烙印理论在企业经济层面的实践应用。最后，现有文献大多从单一理论出发，讨论企业社会责任的动因或经济后果，而目前学界针对企业社会责任所构建的理论框架和观点是多样的，并不统一。这说明企业履行社会责任的决策并不能完全被单一理论解释，因此仅仅依赖单一理论进行实证研究是不够全面的。通过综合分析相关理论，本书为多个理论提供了实证支撑，印证了经典理论的合理性和可共存性，这也为多理论的结合提供了一种新的研究思路。

# 第二章 理论基础

## 第一节 文化的定义与内涵

### 一、文化的定义

文化（culture）这一概念的出现，最早可追溯到古罗马哲学家西塞罗（Marcus Tullius Cicero）在公元前45年所著的《图斯库路姆论辩集》（*Tusculanae disputationes*）中对于拉丁语词汇"cultura animi"的定义，原意是"灵魂的培养"。西塞罗认为，文化是"一群共同生活在相同自然环境及经济生产方式的人所形成的一种约定俗成潜意识的外在表现"。也就是说，文化涵盖了一个（群）人（生物）在其生长发展过程中，所积累和学习的一切与自身生活息息相关的知识或经验。文化具有以下显著的特征：首先是精神性，这也是文化最基本的特征，即文化是与个体或群体的精神观念和思想密不可分的。其次是社会性，它强调的是个体与个体之间的互动与联系，说明文化是在共同认识、共同生产、互相评价和互相认可中产生的。再次是集合性，文化是无数个体组成的集合，是在一定时空范围内，一个群体共同表现出来的精神活动和行为。然后是独特性，由于文化是一个群体（如民族或组织）的基本构成要素，因此群体间的差异性决定了文化的独特性。再然后是一致性，与独特性相对应，在同一个群体内部，由于沿袭的历史和思想是一致的，所以内部成员会拥有相同的文化特性。最后，文化还具有系统性、阶段性、多样性、继承性以及变异性等特征。然而，由于不同学科的研究对象和思维逻辑存在差异，不同领域的学者对于文化有着不同理解。正因如此，"文化"一词并没有一个统一的定义。

在经济学领域的相关研究中，诺斯（North，1990）首次将文化引入制度经济学的分析框架中。他指出，文化是秩序和制度的伦理基础，是一种意识形态惯例和非正式制度约束。此后，学者们便开始对"文化与经济""文化与金融"的理论和实践应用进行广泛讨论。经济学家主要从信念（beliefs）和偏好（preferences）两种属性对文化进行定义（张川川和李涛，2015）。从信念的维度来看，文化的概念主要基于诺斯（North，1990）借鉴博伊德和里彻森（Boyd & Richerson，1985）的思想所得出的定义，即文化代表着人类社会发展进程中所沿袭下来和不断传承演化的传统习俗、价值观念和行为规范。格雷夫（Greif，1994）认为，文化是指一个社会群体在世代发展过程中，留存下来的社会习俗和思想信念，以及两者之间所保持的均衡关系。这些习俗、信念和均衡状态会嵌入到社会的生产活动和个体的交流与互动当中。

文化的偏好属性使其被视为一种个体最原始的情感，因此被认为在个人的价值观念和偏好当中有所体现（Akerlof & Kranton，2000）。个体在面对复杂环境时所做出的决策，也可以被这些观念与偏好所解释。这也为文化通过影响个体或群体的思维模式，进而决定其行为决策的作用途径提供了理论基础。德巴克等（De Backer et al.，2015）指出，文化这种影响思维惯式和决策模式的途径是持续且稳定的，不会因为后期进入新的环境而轻易被重塑。

张川川和李涛（2015）指出，两种文化维度的不同点在于，"偏好"侧重于微观视角下的个体分析，"信念"则更多地关注宏观层面的群体行为。但是从实证技术的角度来说，经济学研究很难将这两个维度进行区分。因此也有学者将这两种属性进行融合。例如，圭索等（Guiso et al.，2006）结合信念和偏好的双重维度，认为文化是在民族或社会等群体中可以代际相传且相对稳定的习俗、传统和价值观。本拿布（Benabou，2008）表明，个体受文化影响而建立起来的偏好，可以在特定的社会环境或制度背景的作用下形成长时间保持不变的信念。文化的"相对稳定"的限定特征，也为经济学的实证研究避免了双向因果等潜在的内生性问题。

## 二、中国文化的内涵

文化是一个国家、一个民族的灵魂。文化兴，则国运兴；文化强，则民族强。中国是一个拥有五千年历史的文化古国和文化强国。中华优秀文化源远流长，博大精深。千百年传承的文化思想，成为每一个中国人日用而不觉的价值观，构成了中国人独特的精神世界。中国文化的主体是儒家文化，它是中国传统文化能够留存至今，现代文化能够蓬勃发展的基本前提。梁启超先生在《饮冰室书话》中写道："（儒家文化）不算中国文化的全体，但是若把儒家抽去，中国文化恐怕没有多少东西了。"同时，我国社会和经济的塑造离不开数千年传承和发扬的传统文化（郭云南和姚洋，2013）。正如习近平总书记所说，中国传统思想文化"体现着中华民族世世代代在生产生活中形成和传承的世界观、人生观、价值观、审美观等，其中最核心的内容已经成为中华民族最基本的文化基因。"

### （一）集体主义文化

如果说儒家文化是中国文化的主体，那么集体主义文化则是中国文化的主轴。中国自古以来就强调集体意识，"集体利益高于个人利益"是中国传统价值观的基本理念。孟子云："天时不如地利，地利不如人和。"孙武也讲："上下同欲者胜。"中国的集体主义精神强调个人对群体、社会、国家的责任与义务，正如顾炎武先生在《日知录》中所说的："保天下者，匹夫之贱，与有责焉耳矣。"当代的集体主义文化则是建立社会主义核心价值观的时代产物，是社会主义文化的基因。

集体主义与个人主义之间的比较也是霍夫斯泰德文化维度（Hofstede，1980）中的重要组成，是不同国家和地区文化差异的根本驱动因素（Markus & Kitayama，1991；Triandis，2001）。霍夫斯泰德文化维度理论（Hofstede's cultural dimensions theory）是荷兰心理学家吉尔特·霍夫斯泰德（Geert Hofstede）提出的一个用以衡量不同国家文化差异的框架。他认为文化是人们在同一环境下共同拥有的心理程序，能将这群人与其他环境中的主体区分开来。集体主义/个人主义反映了人们融入群体的程度（Hofstede，1980），强调对集体利益/个人利益的重视程度。与西方国家相比，中国是一个较为典型的集体主义国家。集体主义的出发点和落脚点都是集体利益。集体利益高于一切，不仅指集体利益高于个人利益，还指社会的整体利益高于一个单位、一个部门的整体利益。在集体主义社会中，人们具有相互依赖的自我结构，此时个体往往会压抑自己的内在属性，避免脱颖而出，更易受道德驱动。与个人主义相比，集体主义更注重团队和谐（Hofstede，1980），强调长期合作关系中的风险或利益共担（García-Sánchez et al.，2013）。同时，在集体主义社会中，成员对规则的遵守程度更高（El Ghoul & Zheng，2016）。

（二）社会信任

集体主义文化是中国社会的精神主轴，而社会信任则是中国文化的道德基础。我国自古以来就极其注重诚实守信的价值观，可以说，中国传统社会是一个崇尚"信"的国家。墨家提倡以"信"为"交利兼爱"服务；法家主张"信"即为守法度，依法行事；儒家把"信"作为其核心思想"仁"的一个重要方面，认为"信"是经世致用的道德规范。中国人认为，诚信是安身立命之根本，也是社会经济发展的基石。张维迎和柯荣住（2002）指出，社会信任是除物质资本和人力资本之外决定一个国家经济增长和社会进步的主要社会资本。

日裔美籍政治学者弗朗西斯·福山（Francis Fukuyama，1995）对信任的定义是，在一个有规律的、诚信的、相互合作的共同体内部，成员基于广泛认可的准则和规范，对其他成员所持有的期望。同时，信任代表一种强大的文化力量，影响着社会和经济的塑造过程。因此，社会信任是一种合作规范。福山将广义的信任进行了细分，本书所提到的社会信任在他看来是一种高信任度社会文化，是在自发性形成的社会群体或组织中，甚至是在国家这个最大的群体中形成的文化。高水平的社会信任体现为社会中非血缘群体的合作能力，因此也被称为一般信任或普遍信任。高水平的社会信任被视作是一种合作规范（Coleman，1990；Putnam，1993；Guiso et al.,2011），可以规范企业行为（Guiso et al.，2004；Guiso et al.，2008；Jha & Chen，2015）。

在新时代的中国社会中，信任又被赋予了更重要的意义。全面建设富强民主文明和谐美丽的社会主义现代化强国，是"十四五"时期的重要战略目标。社会主义核心价值观包括：富强、民主、文明、和谐、自由、平等、公正、法治、爱国、敬业、诚信、友善。其中，"诚信"被纳入公民基本道德规范的价值观层面，被视为规范个人行为的社会主义核心价值观的基本理念。信任为民主社会的建设提供了沟通、协商的保障；为公正、法治的社会环境提供了成员对法律体系信赖的基础。社会信任是社会的黏合剂，通过社会信任可以发挥人与人之间的凝聚力，从而实现社会主义现代化的建设目标。

## 第二节　文化经济学相关理论

### 一、文化，制度与经济行为

霍夫斯泰德（Hofstede，2001）将文化定义为集体心理程序，它塑造了个体的思维、感知和行为的模式，并以此来将一个群体与另一个群体区分开来。文化的本质是价值观体系，这些价值观是关于"什么是个人在社会中更可取的行为准则和存在的最终状态"的持久信念和态度（Hofstede，2001；Rokeach，1973）。正如诺斯（North，1990）所指出的，"文化提供了一个基于语言的概念框架，用于编码和解释感官呈现给大脑的信息"，从而塑造个体对外部世界的感知并影响他们的决策与行为。

威廉姆斯（Williamson，2000）通过构建较为完整的分析框架，来梳理文化的经济相关性。该框架将相关理论分析划分为四个层次，更高层次的理论往往可以对较低层次施加更大的约束。最高层（第一层级）考虑了因国家而异的非正式制度，如制裁、规范、习俗、行为准则等，它们是对可信合同的非正式约束（North，1991）。根据上文的定义，文化就嵌入在这个层次中。根据威廉姆斯（Williamson，2000）的说法，"这个级别的制度变化非常缓慢，通常能持续上百年，甚至上千年"。位于第一层级以下的第二层级考虑的是制度环境或游戏的正式规则，如正式的宪法、法律、财产权分配等，法律权力的界定和执行是这一层次的重要特征。在第二层级中，由政治或司法因素定义的约束，与经济组织施加的正式约束同等重要（North，1990）。治理结构和以经济后果、代理理论为代表的边际分析，分别位于第三层级和第四层级。在最低层级（第四层级）中，通过合同等正式约束对相关条例进行事前的激励和规范的调整，有助于减少基于委托代理关系的利益冲突。然而，鉴于存在不完全合同和道德风险，第三层级所关注的合同的事后治理作用，在形成激励措施和降低风险方面，发挥着重要作用。

从第一层级到第四层级的自上而下的关系全面刻画了文化对正式制度环境、合同治理和激励一致性的根本影响。基于威廉姆斯（Williamson，2000）的模型，利希特等（Licht et al.，2005）提出，法律规则与一个国家或地区的主流文化取向系统性相关，这表明正式规则在很大程度上反映了一个社会中的主导文化思想。然而，有些时候文化对经济活动的影响又超出了法律制度的影响。由于合同的不完全性，法律制度不能总是完全地限制机会主义行为的发生（Aggarwal & Goodell，2009）。因此，源自文化的非正式制度约束，包括行为准则、道德规范和商业惯例等，会渗透进因正式制度的缺陷而在治理过程中留下的未被考虑或约束的巨大空间中，对正式制度未涉及的领域进行弥补，指导着个体或组织在市场交易中的行为和决策。事实上，正如威廉姆斯（Williamson，1988，2000）所断言的，法律法规的指令是一种非常直接的约束，大多数时候，争议可以并且倾向于通过回避或自助等方式解决。诺斯（North，1990）也表明了类似的观点，即尽管书面的形式规则非常重要，但它们只占塑造行为和选择的约束中的一小部分。诺斯同时强调，非正式制度不仅是正式制度的附属品，其本身也很重要，因为有证据表明强加于不同国家或地区相同的正式制度和相关法律法规后，仍然出现了不同的治理结果。

文化与经济决策和经济活动的相关性还源于文化通过塑造个体产生特定行为的动机，同时他们对世界的看法直接影响了他们的决策和行为。威廉姆斯（Williamson，1988，2000）强调了在研究市场交易时理解个体特性的重要性，因为个体属性决定了其针对特定事项的决策和实施方式。更具体地说，文化在个体生命早期的社会化过程中，烙印在了他们的脑海中，它塑造了影响个人选择和行为方式的，使其符合特定社会的基本价值观（Hofstede & Bond，1988；Licht et al.，2005）。文化还影响着个人处理信息的方式，塑造他们用以解决生活中的问题的主观心理结构，进而影响他们的决策（North，1990）。人类动机的复杂性和对世界的主观看法进一步表明了文化在经济决策中的关键作用。

总的来说，上述研究与讨论表明，文化通过两种机制影响经济活动。一方面，根据威廉姆斯（Williamson，2000）的模型，文化影响正式制度，因此间接影响了由利希特等（Licht et al.，2005）提出的经济后果。另一方面，文化作为对机会主义行为的非正式约束，通过塑造个体行为的动机和对外部环境的主观感知，来影响个体的行为和决策，从而对经济活动产生直接影响。基于以上背景，目前学界有关文化经济学的讨论主要以新制度经济学理论、高阶梯队理论、烙印理论为基础展开。

### 二、新制度经济学理论

新制度经济学（New Institutional Economics）是经济学的重要分支之一，它通过关注作为经济活动基础的制度（即社会规范和法律规则）以及超越早期制度经济学和新古典经济学的分析来扩展经济学（Rutherford，2001；Alston，2008）。与新古典经济学不同，它还考虑了文化和古典政治经济学在经济发展中的作用（Maridal，2013）。新制度经济学理论起源于诺贝尔经济学奖得主罗纳德·哈里·科斯（Ronald H. Coase，1937，1960）的两篇文章《企业的性质》（*The Nature of the Firm*）和《社会成本问题》（*The Problem of Social Cost*）。1975 年，诺贝尔经济学奖得主奥利弗·伊顿·威廉姆森（Oliver E. Williamson）首次以"新制度经济学"命名这一学派。

威廉姆森（Williamson，1975）指出，新制度经济学主要有以下四个特征。一是，新制度经济学认为不同制度的效率是不同的；二是，新制度经济学的重要性在于因为管理方式和管理结构的不同而带来的信息传递和激励的区别；三是，从研究方法上来看，新制度经济学使用的比较方法是在各个可行形式之间进行比较；四是，新制度经济学的核心问题在于个体的行为准则。目前，新制度经济学的研究基础和范畴囊括了有限理性理论（Simon，1947）、交易成本理论（Coase，1937）、产权理论（Coase，1960）、制度变迁理论（North，1990）等。

诺斯（North，1990）将制度视作社会中的游戏规则，或者更正式地说，是为了规范人类互动而人为设计的约束。制度构建了激励机制，包括政治层面、社会层面以及经济层面。制度的变迁塑造了社会随时间演变的方式，因此也是理解历史变迁的关键。诺斯（North，1990）创造性地将制度划分为正式制度（formal institutions）和非正式制度（informal institutions）。正式制度包括政治和司法制度、经济制度和具有法律效应的合同。正式制度从宪法到成文法和普通法，再到特定章程，最后到特定合同，定义了从一般规则到特定规范的约束。诺斯（North，1990）认为，非正式制度的约束来源于社会中传递的信息，并从历史遗产中部分继承，其中"遗产"被他定义为文化。因此，现有文献普遍将文化因素视为非正式制度的重要组成部分（Alesina & Giuliano，2015）。同时，非正式制度还包括社会中无形的道德约束、习俗惯例和行为准则。正式制度是非正式制度的基础，可以提高非正式约束的有效性。它们会降低信息、监控和执行成本，从而使非正式约束成为更复杂交换的可能解决方案（Milgrom et al.，1990）。执法者也可以通过制定正式制度来修订或替换非正式制度（North，1990）。

艾伦等（Allen et al.，2005）指出，与发达国家相比，中国的投资者保护体系、政府监管和信息环境维护都尚不完善，且相对薄弱。因此，非正式制度作为正式制度的替代因素，更能在当前情境下对投资者保护、合同履行和维护良好的信息环境等方面进行规范。因此，想要深刻理解中国的社会和经济发展问题，就不能忽视文化等非正式制度的影响（陈冬华等，2013）。作为一个历史悠久的文化大国，文化对中国在漫长历史长河中所形成的影响是持续而深远的。

### 三、高阶梯队理论

高阶梯队理论（Upper Echelons Theory）是由管理学学者唐纳德·汉姆

布瑞克（Donald C. Hambrick）和菲莉斯·梅森（Phyllis A. Mason）在1984年发表的一个管理理论（Hambrick & Mason，1984）。理论指出，高层管理团队的管理背景特征可以部分解释组织的业绩成果。高阶梯队领域的研究一直致力于打开"人口学背景黑箱"（The Black Box of Organizational Demography）。

高阶梯队理论认为，由于企业内外部环境的复杂性，管理者不足以也不可能对企业所有方面进行全面认识，即管理者只能根据自身既有的认知结构和价值观来处理相关信息。简而言之，管理者的特质决定了他们的处事方式和战略选择，进而影响企业的行为。因此，高层管理团队的认知能力、感知能力和价值观等心理结构决定了组织的战略决策过程和相应的绩效后果（Berson et al.，2008；Chin et al.，2013；Hafenbrädl & Waeger，2017）。然而，一个人的心理因素较难度量，而客观存在的人口背景特征，如年龄、性别、教育程度、职业教育等与个体的认知能力和价值观密切相关。因此，通过观察人口特征变量可以较为客观地研究高层管理团队与企业绩效之间的关系（Barker & Mueller，2002；Henderson et al.，2006；Khan & Vieito，2013；King et al.，2016）。

依赖于上述思路，国内外学术界已经开展了有关管理层特征与公司治理以及企业决策方面的研究，但主要集中在三个方面：一是管理者背景特征与公司治理和经营绩效的关系（Yim，2013；Khan & Vieito，2013；Serfling，2014；Faccio et al.，2016），二是管理者过度自信与公司治理和经营绩效的关系（Malmendier & Tate，2008，2011；Galasso & Simcoe，2011；Chen et al.，2015），三是管理者异质性与公司治理和经营绩效的关系（Nielsen & Nielsen，2013；Lei et al.，2022）。高阶梯队理论认为，未来可继续探究更多的心理学变量。

企业社会责任由于反映了企业积极参与社会活动以响应广泛的利益相关者诉求的表现，因此也是一种企业战略选择。基于高阶梯队理论，研究表明，CEO任期、教育、性格和薪酬结构都可以显著影响公司的企业社会责任决策（Deckop et al.，2006；Lewis et al.，2014；McCarthy et al.，2017；Ferrell et al.，2016）。

## 四、烙印理论

"烙印"（imprinting）一词最初出现在生物学领域，由动物行为学家康纳德·洛伦兹（Konrad Lorenz）提出，后由美国社会学家阿瑟·斯廷奇科姆（Arthur Stinchcombe，1965）在《社会结构与组织》（*Social Structure and Organizations*）一书中，对其在组织理论中的应用进行论述。斯廷奇科姆指出，组织建立过程中所接触的技术条件塑造了组织成型后的结构特征，而这些特征在组织稳定后仍然长期存在，并会持续地影响组织。

马奎斯和蒂尔奇克（Marquis & Tilcsik，2013）在提出烙印理论（Impriting Theory）时认为，"烙印"是指一个人在其一生中的一个或多个敏感时间段内形成并表现出来的对外部影响的高度敏感性，外部环境要素会在该时期发展并在形成的个体特征上有所表现。这些敏感时期的特点是时间短暂且有限，并且其对个人的影响比正常时期更显著（Immelmann，1975；Stinchcombe，1965），如童年或早期的职业过渡期（Kish-Gephart & Campbell，2015；Higgins，2005）。研究表明，尽管一些早期生活经历持续时间很短，或者即使在随后的时期发生了重大的环境变化，如出现移居他地、经历变故之类的事件，这些烙印的影响也是持久而深远的（Lorenz，1937；Kish-Gephart & Campbell，2015）。这些烙印事件会影响人们的性格特征、思维模式，并进一步影响他们的决策行为（Malmendier et al.，2011）。例如，基什格普哈特和坎贝尔（Kish-Gephart & Campbell，2015）发现，CEO 在童年时期的不同社会阶层通过塑造社会阶层烙印对其风险偏好产生持久且不同的影响。此外，麦克维利等（McEvily et al.，2012）探讨了社会网络烙印与公司成长之间的关系，发现烙印效应为年轻律师提供了持续的优势。"烙印"的概念为本书提供了一个重要的视角，即理解个体过去的经历如何影响当下的行为决策。

公司金融领域的烙印理论研究主要涉及与 CEO 早期经历相关的讨论。现有研究讨论了 CEO 在饥荒（Feng & Johansson，2018）、大萧条（Malmendier et al.，2011）、金融危机（Ho et al.，2016）时期或有从军经历（Benmelech & Frydman，2015）对于企业决策的影响。这些烙印事件会改变管理者的性格特征，如风险态度和过度自信，从而对其管理决策产生一系列影响。国内学术界对于烙印理论的研究起步较晚，但在近年来也有非常突出的进展。朱沆等（2020）认为，从军经历会使个体产生道德感、奉献观念和社会责任感等与军人价值观相似的烙印，因此提高了企业的慈善水平。孔等（Kong et al.，2021）发现，童年经历可以塑造一个人的信任水平，进而影响其所管理的企业的创新策略。

## 第三节　企业社会责任概念的演变

### 一、企业社会责任概念的提出

"企业社会责任"的概念起源于 20 世纪初的美国。1923 年，在美国进行实地考察的英国学者奥利弗·谢尔登（Oliver Sheldon）在其著作《管理哲学》（*The Philosophy of Management*）中提出"企业社会责任"的概念，这也被认为是有关现代企业社会责任最早的定义与关注。谢尔登（Sheldon，1923）认为，企业社会责任是企业及其管理者将自身发展与响应内外部环境的需求的积极结合。他同时指出，企业履行社会责任表现了其自身的道德观念。然而，社会对于企业社会责任的关注因为此后的美国经济大萧条以及第二次世界大战而被冲淡。

### 二、企业社会责任概念的发展

企业社会责任再次受到广泛的关注，得益于战后重建时期的经济繁荣。由于经济的发展带来了日益严峻的环境污染问题，使社会开始重新重视企业社会责任，也使得企业不得不开始思考将履行社会责任纳入经营决策的考量当中。有关企业社会责任概念的发展，也在这一时期呈现出蓬勃的景象。

（一）"三个同心圆"概念

1971 年，美国的主要企业领导人组织——经济发展委员会（Committee for Economic Development，CED）发布了题为《工商企业的社会责任》（*So-*

*cial Responsibilities of Business Corporations*）的长篇论述。文章指出，社会对于企业社会责任日益增加的期望可以概括为"三个同心圆"（Three Concentric Circles of Responsibilities）。具体来说，内圈（inner circle）仅仅关注企业保证其有效经营和运行的基本责任，即生产产品、提供就业机会以及促进社会经济增长的经济职能。中圈（intermediate circle）强调企业在履行以上经济职能的同时，要对其行为决策可能带来的社会影响有敏感的认知，即要对与其相关联的社会后果承担责任，如在环境保护、雇员关系、客户权益等方面的关注。外圈（outer circle）包括了一切应运时代而生、可能现阶段仍不明确的责任，主要目的仍然是使企业更广泛、积极地承担起改善社会环境、促进社会进步的责任。此时社会可以主动向企业求助，如鼓励企业投身于消除社会贫困和遏止城市衰退等公共事业中。"三个同心圆"模型的建立，标志着"企业的社会责任就是使股东利润最大化"的观点逐渐失去了其在企业管理中的统治地位。

（二）"金字塔"概念

美国佐治亚大学教授阿奇·B·卡罗尔（Archie B. Carroll）于 1991 年提出的"企业社会责任金字塔"（Pyramid of Corporate Social Responsibility）是目前被学界广泛接受并提及最多的企业社会责任概念。"金字塔"模型定义并区分了企业需要履行的不同类型和层级的社会责任。经济责任（Economic Responsibilities）是金字塔的最底层，即企业应该履行的最基本的责任。这一层级的企业责任仅仅是实现企业的经济利益最大化，因此企业的所有活动和决策几乎都是建立在盈利的基础上的，如为股东提供分红，降低生产成本，最大限度地提高销售额等。如果缺少了这一层级，金字塔的剩余部分就会分崩离析。换句话说，企业必须保证足够的利润才能生存，经济责任是金字塔的基础。第二层级的责任是法律责任（Legal Responsibilities），即要求企业遵守法律和社会规则。毋庸置疑，企业必须确保其经营活动符合本国、本地区的所有立法要求，否则将面临相当高的违法成本。这一层级约束了企业在特定法律框架内实现其经济目标。下一层级的道德责任（Ethical Responsibilities）要求企业响应社会中普遍接受和认可的高于经济与法律期望的伦理规范。与强加的法律法规不同，道德约束是无形的、软性的，因此这一层级的需求体现了社会对于企业维系内外部利益相关者之间的积极关系的关注。也就是说，道德需求更多地考虑企业如何造福社会。位于金字塔顶端层级的慈善责任（Philanthropic Responsibilities），是企业成为一个良好"社会公民"的最终要求。卡罗尔（Carroll，1991）也将慈善责任称为企业自行裁量责任（Discretionary Responsibilities），因为这是以公司自觉做出在经济、法律和道德责任以外的社会贡献的意愿为指导的。企业履行慈善责任可以表现为投身公益事业、进行慈善捐赠等回馈社会的方式，这些对社会的积极贡献可以很好地提高人们的生产生活水平。

形如金字塔，经济责任是企业经营的基础策略，因此在最下方占据最大比重，其后的法律责任、道德责任以及慈善责任依次往上建立且占比递减。"金字塔"模型对于社会责任多个层级的界定被认为是企业社会责任相关研究的一个重要进步。

（三）"三重底线"概念

英国学者约翰·埃尔金顿（John Elkington）从企业经营行为所影响和被影响的对象出发，于1997年提出"三重底线"（Triple Bottom Line）模型。与"金字塔"模型类似，企业的第一重责任是经济责任，即提高利润、依法纳税和对股东投资者进行分红等。第二重底线是企业的环境责任，就是落实环境保护。第三重责任是社会底线，要求企业履行对其他利益相关方的责任。"三重底线"要求企业要考虑所有责任对象的需求，不仅包括与企业有直接经济联系的股东、客户、雇员和商业合作伙伴，还包括涵盖政府、媒体、当地社区和社会公众在内的所有社会主体。自模型提出，三重底线便开始逐渐被企业所重视，企业纷纷遵循这一思路制定可持续发展战略，且成效显著。


# 第四节　企业社会责任相关理论


随着企业社会责任概念的发展和演变，学者们开始建立相关理论，以解读和分析企业社会责任的内涵与外延。基于不同学科的背景，社会学、经济学、管理学和法学领域的学者们从各自学科的角度出发，对企业社会责任进行了探索。

## 一、股东至上理论

诺贝尔经济学奖得主米尔顿·弗里德曼（Milton Friedman）于 1970 年提出了股东至上理论（Shareholder Theory），也被称为弗里德曼学说（Friedman Doctrine）。该理论认为，企业有且只有一个经营目标，就是利润最大化。这种股东至上的理论将股东视为组织的经济引擎，也是公司需要负责的唯一群体。弗里德曼认为，在一个私有企业当中，公司高管也是企业所有者的雇员，所以对雇主负有直接责任。因此，公司的目标是增加利润并最大化股东的回报，而企业履行社会责任是在以股东利益为代价帮助其他利益相关方。例如，当企业为了追求保护环境而采用的污染控制标准，与竞争对手的标准相比过于严格时，这些策略会迫使企业在非生产性的企业社会责任项目上投入过多资源，从而使企业处于竞争劣势，最终降低企业的盈利能力并损害股东的利益。在这种情况下，其他利益相关者从企业社会责任活动中获得的利益就是以牺牲股东财富为代价的，从而导致财富从股东转移到其他利益相关者。

弗里德曼（Friedman，1970）断言，从事企业社会责任是企业治理存在代理问题的表现，或者是经理人与股东之间存在明显利益冲突的症状。他认为，管理者将企业社会责任作为一种手段来推进他们自己的社会、政治或职业议程，而牺牲了股东的利益。股东至上理论为很多后续理论的推导和实证检验提供了基础（Vance，1975；Friedman，1998；Pagano & Volpin，2005；Surroca & Tribó，2008；Cronqvist et al.，2009；等等）。赖特和弗里斯（Wright & Ferris，1997）发现股票价格对南非企业撤资的公告产生负面反应，他们认为这与代理理论（Agency Theory）是一致的。

代理理论在企业社会责任方面的应用也为股东至上理论提供了证据。阿特金森和戈拉斯克维奇（Atkinson & Galaskiewicz，1988）通过分析企业慈善捐赠决策发现，管理者股份持有与公司慈善行为呈负相关。具体来说，

CEO 股份持有越多，越倾向于与股东利益保持一致。管理者为保证自己的利益，会减少对慈善事业的关注。巴尼和鲁宾（Barnea & Rubin，2010）更加直接地通过管理人员"过度投资"社会责任来分析股东与管理者之间的利益冲突。他们发现管理层倾向于制定更积极的企业社会责任策略来获取私人声誉利益，而这一决策是有损股东利益的。

股东至上理论也对实业界产生了重大影响，引导了企业治理和管理的方式。《经济学人》杂志（2016）称股东理论为"商业中最大的理念"，认为现代经济中股东价值指导着商业活动。鲍尔和潘恩（Bower & Paine，2017）指出，股东价值最大化在金融界和商业世界中普遍存在。它为企业看待和做出有关绩效、高管薪酬、股东权利、董事角色和企业责任等方面的决策，提供了理论依据。总的来说，股东至上理论使得学者们否定、管理者们回避企业在社会责任战略上的尝试，因为他们认为这种努力不符合利润最大化和股东利益最大化的原则，他们认为股东是公司最重要的利益相关者（Mcwilliams & Siegel，2001）。

### 二、利益相关者理论

与股东至上理论不同，利益相关者理论（Stakeholder Theory）认为企业社会责任活动对股东财富产生积极影响，因为关注其他利益相关者的利益会增加他们支持公司运营的意愿，从而增加股东财富。"利益相关者"一词最早的定义可以追溯到经济学家罗伯特·爱德华·弗里曼（Robert Edward Freeman）于 1984 年出版的《战略管理：利益相关者方法》（*Strategic Management：A Stakeholder Approach*）一书。弗里曼（Freeman，1984）首次将利益相关者的概念与相关理论引入企业管理的领域。根据弗里曼的定义，利益相关者是指"任何一个影响公司目标完成或受其影响的团体或个人"。具体来说，除了员工、供应商、消费者、竞争者、地方社区等对企业有经济依赖性的利益相关者以外，与公司在社会利益上存在关联的政府部门、媒体等，也是不应被忽视的利益相关者。根据利益相关者理论，企业履行社会责任是为了关注更多财务绩效之外的利益相关者诉求，如慈善捐助、污染物治理等。科斯塔和雷默斯（Costa & Ramus，

2012）指出，企业经营的最终目的是使社会的利益最大化，落实社会责任履行可以帮助企业更好地响应相关部门要求和社会公众诉求（Deng et al., 2013），实现企业为社会服务的根本价值，推动社会共同体福祉的增进。

利益相关者理论的观点由科斯（Coase，1937）提出，并与阿尔钦和德姆塞茨（Alchian & Demsetz，1972）、詹森和梅克林（Jensen & Meckling, 1976）、康奈尔和夏皮罗（Cornell & Shapiro，1987）、希尔和琼斯（Hill & Jones，1992）等学者扩展的契约理论（Contract Theory）和公司理论（Theory of the Firm）是一致的。这些理论将公司视为股东和其他利益相关者之间合作的纽带。每一个利益相关者都会主动为公司提供关键资源，以获取显性契约（如薪酬合同和产品质量保证书）中的承诺，或隐性合约中隐含的保障（如对员工安全工作的保障和对客户持续服务的承诺）。与显性契约不同，隐性合约的内容描述通常是模糊的，因此几乎不具有法律效力。公司可以在利益相关者不具备法律追索权的任何情况下违背其在隐性合约中的承诺。因此，隐性合约的价值取决于利益相关者对公司履行承诺的期望（Cornell & Shapiro，1987）。

在社会责任中投入更多的公司往往在履行与隐性合约相关的承诺方面享有更高的声誉，这些公司的利益相关者可能有更强的动机为公司贡献资源，并且愿意接受对自己稍显不利的显性契约。这些理论表明，与其他公司相比，在社会责任中投入更多的公司中，股东和其他利益相关者的利益更加一致，因此他们更有可能对公司的长期盈利能力和效率做出贡献（Jensen，2001；Jawahar & McLaughlin，2001；Freeman et al.，2004）。例如，琼斯（Jones，1995）结合经济学理论和伦理学模型指出，在合作和信任的基础上与利益相关者开展业务的公司，有动机表现出对道德行为的真诚承诺。企业的道德行为会使他们获得竞争优势，因为他们将与这些利益相关者发展持久的、富有成效的关系。鲁索和福茨（Russo & Fouts，1997）从企业的资源基础视角考察了企业社会责任，他们认为企业社会责任表现，特别是环境绩效，可以构成竞争优势的来源，尤其是在高增长行业中。

在利益相关者理论的基础之上，进一步产生了公平契约学说（Doctrine

of Fair Contract, Freeman, 1994)、整合的社会契约学说（Integrative Social Contracts Theory, Donaldson & Dunfee, 1995）等理论。随后，利益相关者理论被广泛运用到实践当中。目前国际上推出了各式各样的针对企业社会责任的评价体系，其中 KLD 指数法、RepuTex 企业社会责任框架、Calvert 社会维度、SA8000 和 AA1000 等一系列标准都是以利益相关者理论为基础构造的。不难看出，利益相关者理论现已成为学界对企业社会责任进行实证研究的最主要的基础理论。

### 三、组织合法性理论

除了以上经济学领域的理论，也有学者结合社会学概念对企业社会责任进行理论解释，组织合法性理论（Theory of Legality）就是其中之一。合法性概念起源于社会学，其在不同学科中的使用又有广义与狭义之分。广义的合法性适用于社会学，即讨论社会秩序和规范（Weber, 1921），以及规范系统（Habermas, 1973）；而狭义的概念则被引入政治学中，用于理解国家的统治类型（Weber, 1921）和政治秩序（Habermas, 1973）。总的来说，合法性就是个体对于处于统治地位的主体的确认和服从，组织合法性则是对权威结构的承认、支持与服从。

组织合法性理论由 20 世纪 70 年代的战略管理学学者建立，莫勒（Maurer, 1971）首次提出，组织获取合法性的过程就是"借此向其同行或上级系统证明其具有生存的权利"。根据组织合法性理论，合法性是指在一个由社会构建的规范、价值、信念和定义的体系中，组织的行为被认为是可取的、恰当的、合适的一般性感知或假定（Suchman, 1995）。学者们将组织合法性的核心思想归纳为实体价值与社会价值规范的一致（Suchman, 1995）。斯科特（Scott, 1995）将组织合法性细分为规制合法性、规范合法性（也称道德合法性）以及认知合法性。其中，规制合法性是指组织行为符合政府、机构、行业部门、协会等相关部门所制定的规章制度；规范合法性则来源于社会价值与道德规范，反映了社会公众对组织行事的判断和评价；认知合法性侧重于人们对于象征符号体系和共享意义系统的共同认知，反映的是具有合法性的群体和某些社会团体的信念的一致性。

陈和罗伯茨（Chen & Roberts，2010）指出，公司的生存取决于其满足社会期望的能力。公司价值体系与社会价值体系之间的不一致会危及企业的持续经营，因为社会公众有权允许或禁止组织或团体在该社会中的存在和业务开展（Cho et al.，2015）。具体到企业社会责任，企业履行社会责任向公众展现了它们对社会公益和利益相关者广泛利益的关注，迎合了社会对于企业社会责任的诉求。研究表明，公司会主动披露与自身慈善事业相关的信息，将社会披露作为其合法化的工具，这种表现在社会绩效较差的公司中更为显著（Deegan et al.，2002）。米尔恩和帕滕（Milne & Patten，2002）表明，企业有动力使用企业社会责任来获得合法性，这些公司通过提高公司治理水平，吸引投资者关注，提高自身声誉，最终获得市场收益。潘瓦尔等（Panwar et al.，2014）指出，大型公司和上市公司更容易被公众关注并接受社会审查，因此具有更大的合法性需求，所以在企业社会责任活动和报告方面表现得更为活跃。这进一步说明了企业履行社会责任时对于组织合法性的考量。

## 第五节　本章小结

本章详细介绍了与本书相关的关键概念与理论基础，包括企业社会责任的概念及相关重要理论，以及文化的定义和与文化经济学相关的理论。首先，介绍文化的定义，以及中国文化的具体内涵，从集体主义文化和社会信任入手，详细介绍中国文化的丰富内涵。其次，结合文化经济学领域的相关理论，从新制度经济学理论、高阶梯度理论、烙印理论等重要理论出发，梳理相关基础背景。再次，从企业社会责任概念的提出和发展出发，介绍企业社会责任在过去一个世纪中的演变。最后，结合股东至上理论、利益相关者理论和组织合法性理论等企业社会责任领域相关的重要理论，梳理学界对于企业社会责任的主流观点。本章通过对关键概念和理论基础的详述，为后续研究提供背景概述和理论支撑。

# 第三章　文献回顾与评述

## 第一节　文化的常用度量

### 一、集体主义文化

个人主义/集体主义（Individualism versus Collectivism）是霍夫斯泰德文化维度的重要组成。1967—1973 年，霍夫斯泰德在国际知名跨国公司 IBM（International Business Machines Corporation）开展了一项大规模的文化价值观调查。他的团队对 IBM 公司的各国员工先后进行了两轮问卷调查，针对 72 个目标国家的个体发放了超过 11 万份的调查问卷。此次调查和分析的重点是各国员工在价值观上表现出来的国别差异。针对个人主义/集体主义这个维度，一端被定义为个人主义，指对松散的社会框架的偏好，在这种框架中，个人被期望于只关注自己和他们的直系亲属。另一端被定义为集体主义，代表了对社会紧密框架的偏好，在这个框架中，个人可以期望他们的亲属或特定群体内的成员照顾他们，以换取对于彼此和团队的忠诚度。一个社会在这个维度上的立场体现在人们的自我形象是用"我"还是"我们"来定义的。除了这个维度之外，最初的霍夫斯泰德文化维度还包括权力距离（Power Distance）、不确定性的规避（Uncertainty Avoidance）和男性化与女性化（Masculinity versus Femininity）等基本维度（Hofstede，1980）。1991 年，根据香港中文大学迈克尔·邦德（Michael Bond）教授对东西方文化对比的研究成果，霍夫斯泰德增加了反映儒家文化价值观的第五个维度：长期取向与短期取向（Long-term versus Short-term）。2010 年，根据迈克尔·明科夫（Michael Minkov）对世界价值观调查数据的分析结果，霍夫斯泰德又为这一模型增加了第六个维度：自身放纵与约束（Indulgence versus Restraint）。

中国幅员辽阔，文化差异较大，因此近年来学者们也开始针对中国的集体主义文化差异界定展开讨论。在学术界影响较大的理论体系，是美国弗吉尼亚大学心理学系的托马斯·托尔汉姆（Thomas Talhelm）和他的团队提出的"大米理论"（Rice Theory，Talhelm et al.，2014）。大米理论是生存方式理论（Subsistence Style Theory）的延伸，它表明某些形式的生存方式（如农业）比其他形式（如放牧）在功能上需要更多的相互依赖。秦岭—淮河一线是中国历史悠久的稻麦地理边界，南北方分别以水稻和小麦为主食作物。种植水稻的历史培育了更加相互依存的文化，而种植小麦使文化被塑造得相对独立。这些农业遗产持续影响着现代世界人们的文化思想（Talhelm et al.，2014），水稻种植的农耕活动使人们相互之间更加依赖，而小麦种植使人们更加独立。因此，地区水稻种植面积及其占耕地总面积的比例，成为代理集体主义文化的一个较为外生的变量（Fan et al.，2022）。

赵向阳等（2015）采用全球领导力与组织行为有效性研究（Global Leadership and Organizational Behavioral Effectiveness，GLOBE）的文化习俗问卷设计理念，从九个维度衡量了我国不同地区的文化强度。他们将集体主义文化细分为社会导向集体主义（Societal Collectivism）和小团体集体主义（In-Group Collectivism）。前者是指"在多大程度上社会的制度实践鼓励和奖励群体性的资源分配和群体性的行动"；后者关注"在多大程度上个体对自己所在的组织和家庭感到骄傲、忠诚和有凝聚力"。

此外，还有一系列的社会调查设置了测度集体主义文化的问题。李涛等（2019）使用中国家庭追踪调查的相关指标进行衡量。他们借鉴布鲁尔和陈（Brewer & Chen，2007）对于集体主义的定义与分类，从"自我""信念"和"价值观"三个维度构建综合指标，选取的问题包括"对'不被人讨厌'的看法?""不孤单对您而言的重要程度如何?""您对'聪明才干能带来回报'的看法?""您的家族是否有族谱/家谱?"以及"去年您家是否参与家族祭祖/扫墓等活动?"等。

## 二、社会信任

作为一类重要的社会资本,社会信任及其测度一直是各类社会调查、文化价值观调查的重要观测对象。世界价值观调查(World Value Survey,WVS)从国家和地区层面关注了社会信任的强度。世界价值观调查是一项国际研究计划,致力于对世界各国的社会、政治、经济和文化价值观进行学术研究。该项目于 1981 年正式开启,每五年在全球范围内超过 80 个国家和地区进行一次调查。世界价值观调查被认为是有史以来对人类信仰和价值观进行的最大的非商业性跨国实证时间序列调查,因此调查中的各类关键指标也被学术界广泛应用(Bertrand & Schoar,2006;Alesina & Giuliano,2010),其中包括社会信任指标(Guiso et al.,2008)。在世界价值观调查中,针对社会信任的主要问题是"一般来说,你认为大多数人都是可以信任的,还是说与人打交道再怎么小心也不为过?"受访者可以在"大多数人都是可以信任的"以及"再怎么小心也不为过"中进行选择。

针对中国的社会信任测度,目前的发展也愈发成熟。国内学术界使用最多、认可度最高的社会信任数据,是由"中国企业家调查系统"(Chinese Enterprise Survey System,CESS)于 2000 年对全国进行的问卷调查数据(张维迎和柯荣住,2002)。该调查面向全国 31 个省(除港、澳、台)的一万五千多家企业发放问卷,最终得到五千多份有效问卷,调查对象主要为企业及其领导人。问卷中针对社会信任的问题是"根据您的经验,您认为哪五个地区的企业比较守信用(按顺序排列)?"数据库采用各地区名列各位次的占比的加权平均值计算信任分数,排名第一的地区原始分数为 5,排名第二的地区原始分数为 4,依此类推。然后,基于原始分数进行加权平均,得到每个省的平均信任水平。

除了"中国企业家调查系统"数据之外,多个针对中国社会的经济大调查也都有与社会信任相关的问题设置和变量测度。例如,中国综合社会调查（Chinese General Social Survey，CGSS）针对社会信任的问题是"总的来说，您同不同意在这个社会上，绝大多数人都是可以信任的?"可供受访者选择的选项是"非常不同意""比较不同意""说不上同意不同意""比较同意"或者"非常同意"。中国家庭金融调查（China Household Finance Survey，CHFS）的相关问题是"您对初次见面的人（不认识的人）的信任程度如何?"备选项为"非常不信任""不太信任""一般""比较信任"或者"非常信任"。中国家庭追踪调查（China Family Panel Studies，CFPS）的问题设置则与世界价值观调查接近："一般来说，您认为大多数人是可以信任的，还是和人相处要越小心越好?"可选项为"大多数人是可以信任的"或者"要越小心越好"。可以看出，大多数基于社会信任的问题设置都较为直接，可以很好地捕捉个体的主观态度。

除了以上直接询问个体信任程度的测量方式，由于社会信任所具有的社会资本的性质，研究中也会使用到一些客观统计数据，作为社会信任的代理变量。例如，非政府机构（Non-Government Organizations，NGO）的数量、献血率数据等（Li et al.，2017，2019）。

## 第二节　文化对经济活动影响的相关研究

我国历史源远流长，文化底蕴深厚，其中集体主义文化和社会信任都以相对完整的形式留存至今。同时，现代指导我国社会发展的社会主义文化与集体主义文化，也是当今中国社会重要的文化组成。诺斯（North，1990）认为，文化是在人类社会传承演化过程中的"习俗、传统和行为规范"。格雷夫（Greif，1994）则表示文化是留存于社会群体中的习俗和信念，并嵌入到了社会的各项生产活动和个体间的交流与互动行为中。迪马奇奥（Di Maggio，1997）指出，道德、信仰之类的文化是一种信念，这种信念帮助社会形成了有效的约束力和规范，保证了社会正常的运行秩序。可以说，文化影响着社会的方方面面，小到个体的为人处世，大到组织甚至国家的政策推行。

## 一、集体主义文化的相关研究

集体主义/个人主义文化维度是引起国家间文化差异的根本驱动力（Markus & Kitayama，1991；Triandis，2001）。在个人主义国家，个体倾向于强调个人的诉求而不是集体利益（Miller，1994），表现出过度自信的特征（Odean，1998；Heine et al.，1999；Gelfand et al.，2002），并且更多地响应计算收益而非道德激励（Etzioni，1975；Hofstede，2001）。相比之下，在集体主义国家中，个体倾向于压抑自己的内在属性，避免脱颖而出，并且更易受道德驱使。

霍（Ho，1979）认为，在集体主义文化中，保证个人利益的最佳方式是维持整个群体成员的利益。集体主义强调整个群体的需要和目标，而不是个人的需要和愿望（Carpenter，2000；Kulkarni et al.，2010），而个人主义社会则依赖于自由和独立的价值观（Hui & Triandis，1986）。集体主义文化鼓励利他主义、密切合作和自我牺牲的社会规范。在具有集体主义文化的社会中，个体对群体是相互依存的，同时个体对群体是忠诚的，并且具有明显的裙带关系（Fan et al.，2022）。

关于集体主义的讨论被广泛应用于政治学和心理学的研究当中，如集体主义文化对社会关系网络、社会地位等问题，都有显著的影响（Triandis & Gelfand，1998；Gorodnichenko & Roland，2011）。在针对经济学和金融学的研究当中，学者们也对集体主义文化在其中所扮演的角色进行了讨论。个人主义文化有利于技术革新，而集体主义文化阻碍了创新的发生（Kaasa & Vadi，2010）。同时受个人主义影响较大的企业倾向于自主创新，而集体主义则引导企业模仿创新（Naranjo-Valencia et al.，2011）。陈等（Chen et al.，2015）发现，集体主义国家的企业，由于过度自信和自我归因偏误的程度相较于个人主义国家更低，因此倾向于持有更多现金，以做好预防性保护。同时，在集体主义国家，互助共赢的思想理念更强，因此企业往往更愿意提供商业信用（El Ghoul & Zheng，2016），并且面临更低的杠杆成本（El Ghoul et al.，2019）。

研究普遍认为，中国是一个"高集体主义、低个人主义"的社会

（Steele & Lynch，2013）。在针对我国的集体主义文化研究中，李涛等（2019）指出，我国集体主义文化最基础的表现是家族集体主义，即在家族内部的集体主义思想的体现。李涛等（2019）证实了集体主义文化对社会比较的影响。他们发现在集体主义文化浓厚的地区，个体的客观相对收入会更加明显地提升其主观经济地位的感知。田子方（2020）发现，集体主义观念提高了居民家庭消费水平。通过对集体主义观念的四个构成要素的进一步分析发现，社会网络、社会融入和情感表达与消费水平正相关，而自我控制抑制了消费。在针对企业的研究中发现，集体主义文化可以显著促进企业的突变创新（杨建君等，2013）。在关于中国企业海外并购交易的讨论中，温日光（2017）指出，集体主义文化氛围可以减少并购中的溢价现象。范等（Fan et al.，2022）在针对我国家族企业的研究中发现，集体主义文化使得民营企业管理者倾向于招徕更多家庭成员入股，或者参与公司治理。总的来说，由于集体主义和个人主义这两种文化氛围在个体的独立性、对群体的重视和依赖程度、集体与个人利益的取舍、自我约束等方面的价值属性存在显著差异，导致了不同的国家治理后果和经济行为决策。

## 二、社会信任的相关研究

信任是交易双方之间建立经济和金融往来的核心，也是每一次交易的基础（Arrow，1972；Williamson，1993）。信任被视为某一主体对其他主体执行特定行为的可能性的主观评估（Gambetta，1988），或是人们与他人合作的倾向（Coleman，1990；Putnam，1993）。社会信任是社会成员之间相互信任的整体水平，是所有经济交流的基础（Williamson，1993）。厄普霍夫（Uphoff，2000）将社会信任与规范统一视为一种具有认知型特征的社会资本，这与以社会网络和人际关系为代表的结构型社会资本形成对比（金丹，2012）。陆铭和李爽（2008）指出，社会信任是社会资本的核心指标，在一定程度上可以被理解为社会成员表达偏好的一种方式。因此，社会信任度高的地区可以解释为具有一套促进生产和合作行动的社会规范的地区（Coleman，1988，1990）。

社会信任所形成的社会规范会限制对个人利益的追求（Knack & Keefer，1997），限制交易中的机会主义行为（Coleman，1988；王艳和李善民，2017）。大量文献研究了社会信任对社会和企业经济活动的影响，并且强调了信任作为地区中正式制度有效替代的作用（Williamson，1993；Guiso et al.，2004；Carlin，2009），肯定了社会信任对人类和社会组织的行为以及经济后果的积极影响。

一方面，社会信任在一定程度上指导着宏观层面的经济发展与运行（张维迎和柯荣住，2002；Guiso et al.，2009）。张维迎和柯荣住（2002）指出，社会信任显著地影响着众多重要的经济绩效，包括人均 GDP 及其增长、企业的产值与规模分布、私营企业的发展和规模以及外资的引进。拉波尔塔等（La Porta et al.，1997）发现，社会信任与腐败呈负相关，与组织绩效呈正相关。著名经济学家刘吉·奎索（Luigi Guiso）与他的合作者们在展开的多项研究中指出，社会信任推动了国际贸易与投资合作（Guiso et al.，2004）。通过降低股票市场参与和与贷款相关的交易成本，社会信任提高了投资者的金融市场参与热情（Guiso et al.，2008）。

另一方面，社会信任也在微观层面上影响着企业行为（王艳和李善民，2017；Li et al.，2017，2019）。首先，信任催生了社会对诚信行为的要求和期望，这种期望直接影响了一个社会经济实体的规模、组织方式、交易范围和交易形式，以及社会中非直接生产性寻利活动的规模和强度（张维迎和柯荣住，2002）。高水平的社会信任可以减少企业机会主义行为，促进经济活动展开，提升金融绩效。学者们普遍将这一影响归因于社会规范，即某些非正式的价值观或行为规范可以通过教育等方式烙印在该地区的人们身上，这些规范使该地区的个人或企业感到有义务遵循社会道德、规范自身的行为（Portes，1998；McGuire et al.，2012）。王艳和李善民（2017）发现，社会信任水平有助于减少机会主义和"免费搭车"行为，督促诚实守信的合作行为。Li et al.（2017，2019）指出，高社会信任水平可以减少企业管理层坏消息囤积的行为，减少盈余管理的动机，同时，降低企业的股价崩盘风险和 IPO 抑价水平。其次，在高社会信任水平的地区，企业及其管理者的违法违规行为更容易受到严厉惩罚（Hilary &

Huang，2015）。为了避免处罚，企业会规范自身的决策和行为，如提高财务报告的披露质量（Jha，2019）。因此，社会信任可以通过督促企业在决策中的道德规范、对违规行为进行惩罚，鼓励企业诚信经营，从而对企业的经济和金融绩效产生积极影响。研究发现，高社会信任地区的企业会更多地使用贸易信贷（Wu et al.，2014），支付较少的审计费用（Jha & Chen，2015）。组织内信任与公司的财务报告质量呈正相关（Garret et al.，2014）。总的来说，目前学界普遍达成的共识是，社会信任可以通过建立行为规范和道德约束，促进合作行为的发生，提高市场绩效。

## 第三节　企业社会责任的衡量

### 一、基于单一维度的企业社会责任衡量

曾任全国政协常委、国务院参事的著名经济学家任玉岭在接受《中国经济周刊》采访时指出，我国应从以下八个方面来确立我国企业的社会责任标准：承担明礼诚信确保产品货真价实的责任，承担科学发展与交纳税款的责任，承担可持续发展与节约资源的责任，承担保护环境和维护自然和谐的责任，承担提供公共产品与文化建设的责任，承担扶贫济困和发展慈善事业的责任，承担保护职工健康和确保职工待遇的责任，承担发展科技和自主创新的责任。因此，基于以上各维度，可以针对企业的某一方面社会责任表现，进行具体分析与评价。

扶贫与慈善逐渐成为了企业履行社会责任的重要途径，因此王新等（2015）使用企业的慈善捐赠水平作为社会责任表现的度量，潘健平等（2021）则使用企业精准扶贫的数据来衡量社会责任的履行。此外，上海证券交易所于 2008 年发布了《关于加强上市公司社会责任承担工作的通知》，其中强调了社会贡献值对于企业社会责任的体现作用。因此，陈丽蓉等（2015）以及陈峻和郑惠琼（2020）使用上市企业每股社会贡献值作为企业社会责任的代理变量。

## 二、基于企业社会责任整体表现的衡量

随着企业社会责任逐渐受到学者们的重视，学界也开始对企业的社会责任履行表现进行衡量和测度。主要有以下几种衡量方式。

（一）内容分析法

内容分析法是根据企业公开发布的报告，如企业年报、社会责任报告等信息中有关企业社会责任的内容对企业社会责任表现进行评分的一种方法。评分者通过对报告中具体内容进行整理、分类和汇总，对企业社会责任表现进行量化和评估。目前使用此方法的研究，主要基于对企业报告中有关社会责任信息的披露页数、句数或字数，以及对企业社会责任信息的定性描述与定量分析进行统计（Abbot & Monsen，1979；Clarkson et al.，2008；Lanis & Richardson，2012）。例如，张兆国等（2013）根据企业社会责任的定义，建立了由五大类共 36 个小项构成的指数体系，针对每一项的内容在企业报告中进行搜索分析，如果报告中进行了披露，则这一项赋值为 1，否则赋值为 0。李志斌等（2020）则基于定性和定量的分析来确定企业社会责任得分。对于他们设置的每一个社会责任子项目，如果公司报告中无任何描述，则该项赋值为 0；如果报告进行了简要的定性描述，则赋值为 1；如果报告包含更为具体的定量描述，则赋值为 2。最后将所有项目得分进行加总，得到企业在社会责任表现中的总得分，用以衡量企业社会责任履行水平。

（二）问卷调查法

企业是社会责任研究中的基本单位，因此在研究企业社会责任和相关企业决策时，对企业直接进行问卷调查，可以获得第一手、最直接的研究数据。为了保证问卷的有效性和准确性，调查的受访者通常是企业家、企业高层管理团队成员或核心部门负责人（石军伟等，2009），由于他们参与了企业大部分决策，较为熟悉企业和本行业的整体情况，因此能提供相对准确的企业社会责任履行现状。

（三）声誉指数法和声誉评分法

声誉指数法是相关行业和领域的专家依据特定的企业声誉评价体系，

对企业社会责任履行情况进行评分的方法。1982 年，《财富》进一步推出声誉评分法，通过将企业内部员工作为受访者进行调查，得出企业声誉评分。通过了解企业内部人员的心声，声誉评分法弥补了声誉指数法中，受访者对企业具体社会责任表现不够熟悉而导致的评价不够客观的问题。

（四）专业机构数据库法

上述方法均存在一定缺陷，如在内容分析法中，研究者的主观逻辑对最终评分的影响较大；问卷调查法以及声誉指数法和声誉评分法中，受访者的主观性较强，得到的反馈的准确性也有待商榷。近年来，随着第三方评级机构的专业性逐渐提高，其评价的权威性也得到了越来越多学者的认可，因此使用专业机构数据库提供的评级数据，是目前相关研究中最主要的选择。目前国外研究中较为公认的企业社会责任评价系统主要包括汤姆森路透（Thomson Reuters）的 Asset4、晨星（Morningstar）的 Sustainalytics、明晟（MSCI）旗下的 KLD 评级等。

近年来，随着我国企业社会责任受到越来越多的来自社会和学界的讨论与关注，多个第三方评级机构陆续推出了中国企业社会责任评级体系，包括润灵环球责任评级体系（曹亚勇 等，2012；权小锋 等，2015；曾爱民 等，2020）、和讯网上市公司社会责任报告专业评测体系（顾雷雷 等，2020）等。润灵环球是中国一家独立且业界领先的第三方企业社会责任评级机构，它主要为中国上市公司发布的企业社会报告提供评级。根据《润灵环球 MCT 社会责任报告评级体系 2012》，该评级体系积极参考最新国际权威社会责任标准 ISO26000，对企业社会责任进行全面评级。和讯网是中国最早的财经门户网站之一，和讯网评测体系基于股东责任、员工责任、供应商、客户和消费者权益责任、环境责任和社会责任等五项指标，对企业社会责任表现进行评级。此外，多个经济类数据库，如国泰安 CSMAR 数据库和中国研究数据服务平台，也都有相关数据以对企业社会责任进行评价（韩珣和李建军，2021）。

## 第四节　企业社会责任的相关研究

随着社会各界对于可持续发展的关注，企业逐渐开始重视社会责任战略，并习惯将自己描绘成对社会负责的社会成员（Jha & Cox，2015）。这些决策和行动不仅延伸到企业对其经营活动所在的社区和环境的关注，也体现在企业对待员工以及供应商和客户的方式当中。近年来企业的社会责任行为激增（Callan & Thomas，2009；Tsoutsoura，2004），使得学术界也逐渐开始重视企业社会责任的成因和经济后果。

### 一、企业社会责任的动机

挖掘企业履行社会责任的动机，有利于对企业社会责任的影响因素和经济后果展开更加深入、详细的研究。目前学术界普遍认可的企业社会责任的履行动机，主要包括以下几种。

（一）利他动机

坎贝尔等（Campbell et al.，1999）指出，企业履行社会责任是其不求回报、体现良好"社会公民"形象的利他行为。根据利益相关者理论，企业不应当仅仅重视最基本的经济责任，还应关注自身的社会责任，即关注更多财务绩效之外的利益相关者诉求，如慈善捐助、污染物治理等。这种亲社会行为和利他主义行为通常基于个体或组织的同情或同理心（Bar-Tal，1976）。这表明企业制定履行社会责任相关的决策，可能是"感到抱歉"并试图帮助他人的结果。根据企业的利他动机，企业经营的最终目的是使社会利益最大化，落实社会责任履行可以帮助企业更好地响应相关部门要求和社会公众诉求，实现企业为社会服务的根本价值，推动社会共同体福祉的进步。

（二）战略动机

波特和克莱默（Porter & Kramer，2002）认为，为了同时应对投资者施加的最大化短期利润的压力和社会对于企业履行社会责任的越来越高的要求，并且在两者中间寻求平衡点，企业开始试图让自身的社会责任决策更具战略性。例如，慈善捐赠行为越来越频繁地成为维护公共关系或进行广告宣传的一种方式，公司通过高调的赞助来提升形象（山立威 等，2008；徐莉萍 等，2011）。因此，企业社会责任的战略动机也可以理解为企业的经济动机。企业战略性地履行社会责任有助于提升企业战略地位，即提高公司的竞争力，以获取业务前景、长期声誉等战略性资源，并最终提高企业绩效。

（三）政治动机

政企关系是企业经营环节中关注的重点，维护积极稳定的政企关系，可以帮助企业获取政府资源、建立优质声誉。企业履行社会责任，可以帮助政府解决很多重要的社会问题，为社会、政府减轻压力（Frederick，1995；Campbell，1999）。例如，增加环保投资、捐赠建造社区基础设施、提供就业机会（Marx，1999）以及产生减排效应（Fukuda & Ouchida，2020），等等。通过履行社会责任，企业可以积极展现自身的良好形象，从而获取政府的好感与信任。因此，企业也会出于政治动机，履行社会责任（张敏 等，2013）。

（四）管理层自利动机

代理问题一直是企业关注的重点问题之一，企业制定社会责任决策也被认为是管理层用来提升自己的社会形象和地位等的方式（Galaskiewicz，1997）。正如弗里德曼（Friedman，1970）提出的股东至上理论，认为企业履行社会责任是以牺牲股东利益为代价，为管理层利益而服务的一种手段。高勇强等（2012）发现企业进行慈善捐赠活动在一定程度上是为了掩盖企业内部的负面消息，或转移公众对于其社会责任行为缺失的关注。权小锋等（2015）也发现，企业通过制定社会责任策略，恶化企业内部的信息环境，掩盖管理层捂盘行为，最终增加企业的股价崩盘风险。

**二、企业社会责任的影响因素**

随着近年来对企业社会责任的研究和讨论的深入，越来越多的研究开始从企业内外部特征入手，探究企业社会责任的动因（Gillan et al.，

2021)。本节从企业社会责任的单一维度，如慈善捐赠行为，以及企业社会责任整体表现出发，梳理企业社会责任履行影响因素的相关文献。

（一）企业慈善捐赠的影响因素

企业慈善捐赠是其履行社会责任的最高层级表现，也是向社会展现其社会责任意识和担当的重要途径。首先，营利是企业经营的最基本的目的，慈善捐赠本身也是企业关注并提升经济利益的战略决策，因此财务状况对企业慈善捐赠水平的影响至关重要。大规模的公司更愿意进行慈善捐赠活动（Brammer & Millington，2005；山立威 等，2008），这是由于大企业更需要通过慈善行为来满足政府和公众对他们的要求与期待（Adams & Hardwick，1998；Wang & Qian，2011）。作为企业主营业务之外的重要活动，慈善捐赠要求企业有足够的资金资源，因此盈利能力较强和自由现金流较充裕的企业，往往会更积极地参与慈善捐赠（Adams & Hardwick，1998；Seifert et al.，2004；徐莉萍 等，2011）。

企业的慈善捐赠决策也受到企业所有权结构和管理层特征的影响。在所有权结构方面，陈丽红等（2015）发现，相比国有企业，民营企业的慈善捐赠行为更多。在针对民营企业的研究中，陈凌和陈华丽（2014）发现，如果家族所有权占比较高和家族成员在董事会中的权力较大，均会促使企业进行更积极的慈善捐赠。管理层特征及成员的个人特征，亦会影响企业的慈善捐赠水平。尹美群等（2014）发现，董事会中的性别多样化会显著提高企业慈善捐赠水平，同时女性董事占比越高，公司的慈善捐赠倾向越强（Marquis & Lee，2013；尹美群 等，2014）。许年行和李哲（2016）从 CEO 早年经历出发，发现贫困经历会使得 CEO 做出更积极的慈善捐赠决策。

涉及市场因素的研究发现，企业所在行业的性质和竞争度会影响企业的慈善捐赠水平（山立威 等，2008；徐莉萍 等，2011）。媒体报道与舆论关注也会显著提高企业的慈善捐赠动机（Brammer & Millington，2005）。此外，市场中一系列与捐赠相关的优惠政策，也会影响企业慈善捐赠的决策。例如，捐赠所带来的税收优惠会提高企业捐赠动机（彭飞和范子英，2016；Almunia et al.，2020）。

（二）企业社会责任整体表现的影响因素

从企业内部特征来看，管理层特征、所有权特征、企业经营特征等都是影响企业社会责任表现的重要因素。

首先，基于管理层特征的研究发现，领导人性别会显著影响企业社会责任决策，女性管理者通常会带领企业履行更多的社会责任（Borghesi et al.，2014；McGuinness et al.，2017）。同时，管理者的年龄、婚姻状况、自信程度、工资薪酬等特征，也与企业社会责任表现息息相关（Borghesi et al.，2014；McCarthy et al.，2017；Ferrell et al.，2016；Ikram et al.，2019）。

其次，在企业所有权特征方面，王海妹等（2014）发现，较高的高管持股比例会减少企业社会责任的履行，而外资参股会增加企业社会责任表现。机构投资者作为企业的重要持股方，其持股比例对企业社会责任的影响被广泛讨论，且并没有一个统一的答案。博尔盖西等（Borghesi et al.，2014）发现较高的机构投资者持股比例会降低企业履行社会责任的积极性；而戴克等（Dyck et al.，2019）和陈等（Chen et al.，2020）则分别使用墨西哥湾石油泄漏事件和罗素指数成分股调整这两个外生事件分析发现，机构投资者的参与会促进企业的社会责任表现。同时，具有长期导向的机构投资者可以进一步督促企业履行社会责任，以获得长期的收益（Gloßner，2019；Kim et al.，2019）。文献中关于国有持股和家族持股对企业社会责任影响的讨论也存在分歧。布加里等（Boubakri et al.，2019）发现，民营企业会更加积极地履行社会责任。其中，经历了私有化的企业，其社会责任强度明显更高。而麦吉尼斯等（McGuinness et al.，2017）则发现了国有持股的非线性效应，即持股比例与企业社会责任的相关性在所有权水平较低时为负，而在所有权较高时为正。阿贝塞克拉和费尔南多（Abeysekera & Fernando，2020）认为家族企业和非家族企业在有关企业社会责任的代理问题上存在差异。他们指出，由于家族缺乏多元化，家族企业的管理层会将社会责任决策与股东利益最大化的目标保持一致。而埃尔古勒等（El Ghoul et al.，2016）通过对九个东亚经济体的上市公司进行研究发现，家族企业的社会责任绩效较低，这是由于家族企业控制人和少数股东之间可能会出现冲突，此时家族企业可能会做出与股东利益最大化相悖的决策。

　　企业当前的经营绩效和财务状况也会影响到其未来的社会责任决策。李正（2006）通过对多个企业经营特征的研究发现，企业规模越大、杠杆率越高，其社会责任表现越好。财务状况欠佳或出现异常的 ST 类公司，在社会责任方面的表现相对较差。博尔盖西等（Borghesi et al.，2014）发现，企业在自由现金流充裕、盈利能力较强时，更愿意承担社会责任。

　　针对跨国别的研究发现，与企业特征相比，以文化为代表的外部环境的差异对企业社会责任履行的影响程度更大（Cai et al.，2016）。蔡等（Cai et al.，2016）指出，权力距离、平等程度、和谐程度以及自治程度等文化维度都能够显著影响企业的社会责任决策。梁和罗尼伯格（Liang & Renneboog，2017）发现，国家和地区的法律起源是企业社会责任表现的最强预测因素，甚至比政治制度、法规、社会偏好以及公司自身的财务和运营绩效更重要。关注企业外部环境因素的文章还指出，媒体关注可以有效促进企业的社会责任履行（徐莉萍 等，2011）。由于媒体的监督和舆论作用，公众对企业社会责任的期待和重视程度上升，由此引导企业进行更积极的社会责任决策（潘越 等，2017）。

　　最后，企业所在的行业特征，也会影响企业的社会责任履行。博尔盖西等（Borghesi et al.，2014）指出，某些行业，如消费品和计算机硬件，在企业社会责任表现的得分上显著高于市场平均水平，而另一部分行业，如飞机、石油和天然气，得分则相对较低。李正（2006）发现，重污染行业的企业通常社会责任表现更好。这种较为明显的行业效应使得研究人员和评级提供者在考虑企业表现评分时，往往会制定行业基准。

### 三、企业社会责任的经济后果

　　企业进行慈善捐赠等履行社会责任的行为，会为企业自身的财务决策和资本市场带来一系列显著影响（Gillan et al.，2021）。本节通过梳理以往研究中关注的企业慈善捐赠这一单一维度的社会责任，以及社会责任整体表现等行为对企业及社会的影响效应，回顾企业社会责任经济后果的相关文献。

（一）企业慈善捐赠的经济后果

企业慈善捐赠与经营业绩之间的关系，长久以来并没有得到一致的结论。持正面态度的研究认为，慈善捐赠行为帮助企业向社会传递出企业及其管理层仁慈和正直的信号，有利于促进公司与利益相关者之间的关系，从而改善公司财务绩效（Choi & Wang，2007）。亚当斯和哈德威克（Adams & Hardwick，1998）指出，企业参与慈善捐赠，可以扩大企业规模，并提高盈利能力。钟宏武（2007）和列夫等（Lev et al.，2010）均通过理论和实证分析发现，企业慈善行为可以促进企业未来现金流的增长，进而改善企业绩效。基于企业的战略动机，彼得罗夫（Petrovits，2006）指出，企业向慈善基金会投放资金，以降低当期的盈利水平，并储备资金。通过借助慈善捐赠来实现盈余管理，最终提升企业价值。李四海等（2016）利用中国上市公司数据，也对这一战略动机进行了验证。他们指出，战略性慈善捐赠帮助现阶段亏损的企业向外界市场传递积极良好的内部信息，巩固和提升利益相关者的信心以及资源支持，从而抑制企业价值的进一步消散。也有部分学者持反对观点，即企业慈善捐赠不一定能提高财务绩效（Atkinson & Galaskiewicz，1988）。拉夫等（Ruf et al.，2001）证实了短期内企业慈善捐赠的增值效应，但他们表明，从长期来看，捐赠行为并不能提高企业的财务绩效。与股东至上理论一致，如果企业管理层决定进行慈善捐赠的目的是满足自身利益，则捐赠行为会损害公司和股东的利益（Friedman，1970；Jensen & Mecking，1976），从而限制企业经营业绩的增长（Haley，1991）。

除了针对经营业绩的讨论，在企业融资、声誉形象等方面，绝大多数学者认为慈善捐赠都能够得到正面的反馈。首先是企业的融资约束，大多数研究指出慈善捐赠可以降低融资成本（El Ghoul et al.，2011；Goss & Roberts，2011）。而所有权结构、银企关系、制度环境等因素，均会影响慈善捐赠对融资约束的改善程度（Godfrey，2005）。其次是声誉方面，企业参与慈善捐赠，可以提升消费者对产品和品牌的好感和忠诚度（Mullen，1997），从而为企业积累声誉资本（Godfrey，2005）。慈善捐赠的声誉积累作用也被企业用于战略决策中。当企业因涉及违法违规行为而导致声誉下降时，企业也会通过积极地捐赠改善受损的声誉（Williams & Barrett，2000；高勇强 等，2012）。此外，由于慈善捐赠的减税作用（彭飞和范子英，2016），也有学者指出，企业从事公益捐赠事业，是为了战略性地享受减税降费优惠（Almunia et al.，2020）。

（二）企业社会责任整体表现的经济后果

对于企业自身来说，履行社会责任在一定程度上影响着企业的价值和经营风险。首先，适当承担社会责任有利于提高企业的利润，并最终提升公司价值（Freeman et al.，2007；Dimson et al.，2015；Lins et al.，2017）。梁和罗尼伯格（Liang & Renneboog，2017）发现，企业履行社会责任可以提高企业的资本回报率。关注托宾 Q 值的研究表明，企业社会责任表现得分与这一绩效变量之间存在正相关关系（Gao & Zhang，2015；Ferrell et al.，2016）。法瑞尔等（Ferrell et al.，2016）在进一步分析中发现，较高的社会责任绩效会减弱管理防御与公司价值之间的负相关关系。然而，也有研究发现，企业履行社会责任并不会显著提高企业绩效（Humphrey et al.，2012），甚至会对企业的短期或长期财务表现造成负面影响（Hong & Kacperczyk，2009；Krüger，2015）。李百兴等（2018）指出，重污染行业的企业履行社会责任的水平越高，其长期财务绩效越好，但这并不会影响其近期财务绩效。而如果这类企业的社会责任履行是迫于舆论压力，则其财务绩效表现会更差。

在针对企业社会责任对经营风险的影响研究中，结论相对统一，学者们大多认为社会责任可以降低企业的风险（Hong & Kacperczyk，2009；Ng & Rezaee，2015；El Ghoul et al.，2016）。阿尔伯克基等（Albuquerque et al.，2019）通过理论推导证明，由于产品差异化战略，社会责任表现较好的公司面临的价格弹性需求相对较低，从而导致其系统风险较低。随后他们用经验证据证明了这一观点。与此相关的是，洪和卡普扎克（Hong & Kacperczyk，2009）发现，高社会责任公司拥有更广泛的投资者基础并面临更低的诉讼风险，最终导致更低的资本成本。此外，正如社会责任的战略动机所述，企业履行社会责任可以建立更好的企业声誉。石军伟等（2009）发现，企业积极履行社会责任，可以提高企业声誉。龙文滨和宋献中（2013）也指出，企业社会责任可以满足利益相关者的预期，从而提高企业的社会信誉。

根据利益相关者理论，企业履行社会责任也会提高一系列积极的社会层面的绩效，如提高社会福利（Sharfman，1994；Frederick，1995；Campbell，1999），以及与环境保护、促进就业等相关的社会绩效（Marx，1999；Fukuda，2020）。

## 第五节　文献评述

第一，当前相关研究对文化的界定与衡量，以及不同文化维度对经济活动的影响，主要集中于对宏观层面的社会与经济发展、微观层面的劳动经济学相关问题，以及近年来延伸出的一系列公司金融问题。目前我国关于"文化与财务"的研究仍处于起步和快速发展阶段。而中国是一个历史底蕴深厚、文化内涵丰富的大国，文化对于我国经济金融活动的影响必定深刻而持久。因此，针对文化对我国经济问题，尤其是企业行为决策的影响，还需要更加深入全面地探讨。

第二，针对企业社会责任的研究，从企业内部特征和外部正式制度环境入手的考察已相对完善，尽管学者们在不少问题上仍存在争议，但理论和实证的支撑已发展得较为成熟。然而，文化作为一类重要的非正式制度，深刻地影响着企业及其管理者在日常经济行为中的决策。由于文化的内涵丰富，涉及的意义与价值观多样，目前针对文化在企业社会责任履行过程中所扮演的角色，相关研究并不充分。基于此，本书从中国文化的精神主轴和道德基础，即从集体主义文化和社会信任等多个文化维度入手，考察文化对企业社会责任的影响。

# 第四章 集体主义文化与企业社会责任：来自企业慈善捐赠的证据

## 第一节 问题提出

在中国传统文化的演变和现代文化的发展过程中，"集体利益高于个人利益"的价值取向一直是文化价值思想的内核和精髓，在中国历史文化发展进程中占据着主导地位。"十四五"规划强调，要提高社会文明程度，加强思想道德建设，加强集体主义教育。集体主义/个人主义是霍夫斯泰德文化维度（Hofstede，1980）中的重要组成，是不同国家和地区文化差异的根本驱动因素（Markus & Kitayama，1991；Triandis，2001）。集体主义/个人主义反映了人们融入群体的程度，强调对集体利益或个人利益的重视程度。

慈善捐赠被视作企业社会责任的最高表现形式（Carroll & Shabana，2010），也是企业"社会公民"行为的核心内容之一（Tuzzolino & Armandi，1981；Saiia，2001）。根据利益相关者理论，企业履行社会责任是出于对利益相关者诉求的关注。慈善捐赠对于整合社会资源、缓解社会矛盾、缩小贫富差距和促进社会公平等都有重要的意义（梁建 等，2010），表现出了对社会大集体利益的关注。因此，本章拟从慈善捐赠的决策入手，考察集体主义文化对企业履行社会责任的影响。

2016 年，我国首次出台了《中华人民共和国慈善法》（以下简称《慈善法》），《慈善法》的颁布不仅从法律层面上为我国企业投身于慈善捐赠事业提供了保障与依据，也在一定程度上肯定了企业积极参加社会慈善活动的行为，鼓励企业主动为公益捐赠事业添砖加瓦。中国慈善联合会发布的《2020 年度中国慈善捐赠报告》指出，2020 年中国共接受境内外慈善捐赠 2 253.13 亿元，其中企业捐赠 1 218.11 亿元。图 4-1 展示了 2011 年至 2020 年我国的慈善捐赠情况。可以看出，一直以来，企业都是我国社会慈善捐赠的主要力量。

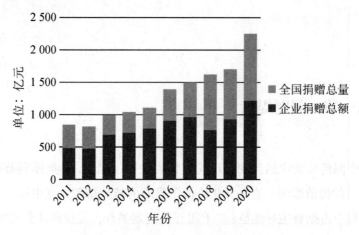

**图 4-1　2011-2020 年我国慈善捐赠情况**

（来源：中国慈善联合会）

现有文献已从多方面对企业慈善捐赠的动因进行了探究。在企业内部，企业的管理层特征（许年行和李哲，2016）等因素会显著影响企业的慈善捐赠决策。同时，市场中的制度环境、政策驱使（彭飞和范子英，2016）和舆论压力（徐莉萍 等，2011）等因素，也是指导和要求企业进行慈善捐赠的关键因素。然而，理解中国转型期的问题，不能局限于借鉴和改良正式制度，更应重视历史进程中逐步演化且影响深远的非正式制度（Allen et al.，2005；陈冬华 等，2013）。已有文献较少考察社会文化等隐性价值规范可能对企业慈善捐赠行为产生的作用（徐细雄 等，2020；余威 等，2020）。

企业慈善是其履行社会责任的重要形式，也是帮助社会实现第三次分配的主要渠道之一。共同富裕是社会主义制度的本质要求，也是中国特色现代化的重要内容之一。党的十九届五中全会首次对扎实推动共同富裕做出重大战略部署。国家"十四五"规划和 2035 年远景目标纲要将实现"全体人民共同富裕取得更为明显的实质性进展"列为 2035 年远景目标，这意味着中国已经开始走向共同富裕的新征程。在"两个一百年"奋斗目标的历史交汇期，稳步实现共同富裕，增强民生福祉，是人民群众对美好生活的向往，也是全社会的共同目标。

2021 年，中央财经委员会第十次会议召开，强调了三次分配是"调节收入分配、实现共同富裕的有效路径"。初次分配是指按照市场效率原则所进行的分配；再分配则是在初次分配的基础上，由政府按照兼顾公平和效率，并侧重公平的原则，通过税收、社会保障进行再次分配。不同于初次分配与再分配的法律强制性，三次分配是在道德力量的推动下通过自愿形式进行的补充分配，它强调社会公民的自发性，即公民参与社会，帮助社会，自发地去进行分配。党的十九届四中全会、十九届五中全会、国家"十四五"规划和 2035 年远景目标纲要都明确提出，要发挥慈善等第三次分配作用，改善收入和财富分配格局。

作为中国文化的精神主轴、传统文化中最受重视、现代中国社会最主要的价值观的集体主义精神，如何影响着企业社会责任履行？本章借企业慈善捐赠这一典型的社会责任表现维度，考察文化对于企业社会责任的影响，同时为促进第三次分配，推进共同富裕，提供实证参考。使用 2003—2020 年我国 A 股上市公司的样本，本章发现，企业所在地的集体主义文化越浓厚，企业慈善捐赠水平越高。在企业面临较多融资约束和较大自然灾害损失时，以上作用更加显著，验证了集体主义的利他思想对企业捐赠的利他动机的促进作用。进一步地，当企业所在地的第一、二次分配机制不足时，即正式制度较为欠缺时，集体主义文化的作用更大。本章的主要结论在进行一系列稳健性检验和解决内生性问题后，仍然保持一致。

本章的研究贡献主要有以下几点：第一，本章从企业慈善捐赠的视角入手，补充了企业社会责任的文化推动因素。现有文献已从市场规制、企业内部特征等多个方面入手，探究企业慈善捐赠的动因。同时，非正式制度对于企业行为决策的规范和约束行为，也开始受到学者们的关注。本章从广泛存在于我国制度决策与文化传承中的集体主义精神入手，拓展了对非正式制度在企业决策，尤其是企业社会责任相关决策中的作用的理解。第二，集体主义文化既是蕴含在我国传统文化中的重要思想，也是当今社会培育和践行社会主义核心价值观的内在要求，是我国文化从古至今的精神主轴。本章通过对企业慈善行为的研究，再次印证了集体主义文化对我国社会和经济发展的重要性，为继续加强爱国主义、集体主义和社会主义教育，增强集体意识，提供来自微观经济层面的实证支撑。

## 第二节　假设提出

### 一、集体主义文化的利他思想

中华民族一直以来都是一个以集体主义为价值观的民族，我们崇尚集体观念，提倡"集体利益高于个人"。在集体主义社会中，人们具有相互依赖的自我结构，此时个体往往会压抑自己的内在属性，避免脱颖而出，更受道德驱动（Hofstede，1980）。与个人主义相比，集体主义更注重团队和谐，强调长期合作关系中的风险或利益共担。同时，在集体主义社会中，成员对规则的遵守程度更高。

针对企业行为的研究发现，在集体主义社会中，人们往往更多地考虑作为群体成员的行为，而不是个人行为，从而表现出对社会的强烈关注和承诺，如对可持续性发展、信息透明度和良好治理的更大承诺（García-Sánchez et al.，2013）。同时，在集体主义国家中，信贷供应商可以共享更多关于客户信誉的信息并对拖欠客户进行集体惩罚，因此愿意发放更多的贸易信贷（El Ghoul & Zheng，2016）。总体来讲，集体主义文化下，社会网络更加紧密，企业的行为会更多地以社会等大集体为核心。

相较西方国家，中国社会整体呈现出集体主义的文化传统。这种文化传统的出发点和落脚点都是以集体利益为核心，"集体利益高于一切"，不仅指集体利益高于个人利益，而且指整个社会的利益高于一个单位、一个部门的集体利益。因此，浓厚的集体主义文化会使得社会成员关注群体，做出更多有利于社会，而非仅仅自利的决策与行为。

## 二、企业慈善捐赠的动机

慈善捐赠是企业履行社会责任的最高级别表现（Carroll & Shabana，2010）。慈善捐赠通过将自身收益主动提供给社会需求方，体现了企业关注社会福利，将社会集体利益置于私利之上的思想。文献中关于企业进行慈善捐赠的动机的讨论，主要集中于两个观点：利他动机和利己动机。

一方面，作为社会经济的重要组成部分，企业的慈善捐赠可以在国家和社会发展遇到阻碍时，解决政府的燃眉之急，这体现了慈善捐赠的利他动机。慈善捐赠的利他动机与企业社会责任的利他性观点不谋而合，因此被视作企业社会责任的最高表现形式（Carroll & Shabana，2010）。沙夫曼（Sharfman，1994）提出，企业进行慈善捐赠，是不带有任何利益目的地为社会提供帮助。这一观点得到了众多学者的支持（Frederick，1995；Campbell，1999；等等）。文献指出，企业慈善捐赠带来了一系列社会福利的增加，如建造基础设施，提供就业机会，提高环境绩效等（Marx，1999；Fukuda & Ouchida，2020）。基于利他动机，许年行和李哲（2016）指出，高管早期的贫困经历会显著提高企业的捐赠水平。徐细雄等（2018）和余威等（2020）通过关注我国的文化制度分别指出，儒家文化和红色文化可以通过"利他""奉献"等理念和思想，提高企业的慈善捐赠水平。可以看出，利他动机主要反映了企业的道德感知，引导了企业进行慈善捐赠。

另一方面，企业作为市场中的"理性经济人"，所做的每一项决策都应以盈利为最终目的。因此，不少学者指出，企业的慈善捐赠存在利己动机。首先，企业进行慈善捐赠可以帮助自身寻求并建立政治关联，使得企业对社会做出诸如慈善行为的承诺（戴亦一等，2014）。其次，慈善捐赠可以帮助企业提高声誉。山立威等（2008）发现，汶川地震期间，企业的慈善捐赠行为起到了广告宣传作用，因此提高了企业声誉。同时，慈善捐赠也可以作为民营企业在亏损状态下的信号工具，为利益相关方传递积极的声誉信息（李四海 等，2012）。最后，由于慈善捐赠可以在一定程度上为企业带来税收优惠，慈善行为也被认为是企业减轻自身税负压力的利己决策（彭飞和范子英，2016）。

### 三、集体主义文化与企业慈善捐赠

基于以上对企业慈善捐赠动机和集体主义文化利他思想的理论梳理，本章认为集体主义文化主要可以通过其蕴含的利他思想，影响企业的慈善捐赠决策。具体来说，集体主义文化可以通过影响企业及其管理层的治理理念，将利他思想贯穿于公司治理当中，从而表现在最终的慈善捐赠决策当中。西格尔等（Siegel et al.，2011）指出，个体所处的文化环境会影响其意识形态、思维方式以及行为决策。对于管理者来说，这种影响会在他们制定公司经营决策的过程中反映出来。

慈善责任是除最基本的经济责任和以正式制度约束的法律责任和伦理责任以外，企业所承担的责任中的最高层级（Carroll & Shabana，2010）。集体主义文化提倡的利他精神，引导企业在经营过程中不单单考虑自身的盈利目标，同时关注作为"社会公民"对社会应尽的社会责任。因此，当企业所处环境的集体主义文化氛围较为浓厚时，企业及其管理者会受到文化中利他精神的影响，做出更多有利于社会发展的决策，从而提高自身慈善捐赠水平。基于以上分析，本章提出如下假设。

假设4-1：企业所在地集体主义文化越浓厚，企业的慈善捐赠水平越高。

## 第三节　研究设计

### 一、样本选择

国泰安数据库自2003年起开始披露我国上市公司的慈善捐赠数据，所以本章选取2003—2020年作为研究时段，以A股上市企业作为研究对象，参考许年行和李哲（2016），针对样本进行如下处理：①剔除在研究期间内公益性捐赠支出为 0 或为空值的样本；②剔除金融类企业和 ST、*ST 样本；③剔除变量中存在数据缺失的公司样本。最终获得 22 794 个观测样本。此外，本章对所有连续型变量按年度在 1% 和 99% 分位数上进行 winsorize 缩尾处理。表 4-1 具体展示了样本在年份层面和行业层面的分布情况。

表 4-1  样本分布情况

| A 栏：按年份统计 | |
|---|---|
| 年份 | 样本量/个 |
| 2003 | 375 |
| 2004 | 465 |
| 2005 | 545 |
| 2006 | 563 |
| 2007 | 654 |
| 2008 | 981 |
| 2009 | 829 |
| 2010 | 962 |
| 2011 | 1 128 |
| 2012 | 1 351 |
| 2013 | 1 453 |
| 2014 | 1 447 |
| 2015 | 1 423 |
| 2016 | 1 501 |
| 2017 | 1 811 |
| 2018 | 2 246 |
| 2019 | 2 376 |
| 2020 | 2 684 |
| B 栏：按行业统计 | |
| 行业 | 样本量/个 |
| 农、林、牧、渔业 | 358 |
| 采矿业 | 620 |

表4-1(续)

| B栏：按行业统计 | |
|---|---|
| 行业 | 样本量 |
| 制造业 | 14 438 |
| 电力、燃气及水的生产和供应业 | 798 |
| 建筑业 | 671 |
| 交通运输、仓储和邮政业 | 1 367 |
| 信息传输、计算机服务和软件业 | 66 366 |
| 批发和零售业 | 1 164 |
| 住宿和餐饮业 | 1 165 |
| 房地产业 | 311 |
| 租赁和商务服务业 | 177 |
| 科学服务、技术服务和地质勘查业 | 261 |
| 水利、环境和公共设施管理业 | 22 |
| 居民服务和其他服务业 | 25 |
| 卫生、社会保障和社会福利业 | 62 |
| 文化、体育和娱乐业 | 269 |
| 公共管理和社会组织 | 357 |

注：表4-1汇报了本章实证研究的主要样本分布情况。A栏汇报了按年份统计的情况，B栏汇报了按行业统计的结果。

## 二、变量描述和数据来源

### （一）因变量定义

企业慈善捐赠的数据来自CSMAR数据库财务报表附注中披露的"营业外收支——非公益性捐赠"文件。借鉴山立威等（2008）、许年行和李哲（2016）的做法，本章同时采用慈善捐赠金额的自然对数（Donate1）、慈善捐赠总额占总资产的比例（Donate2）、慈善捐赠占企业营业收入的比例（Donate3）作为企业慈善捐赠行为的衡量变量，以确保本章结果的稳健。

### （二）自变量定义

本章主要关注的自变量是企业所在地的集体主义文化强度（Collectivism）。本章基于 CSMAR 数据库中的企业所在地信息，匹配相应的集体主义文化数据。参考塔尔赫姆等（Talhelm et al.，2014）以及范等（Fan et al.，2022），本章使用各地水稻种植面积占总耕地面积的比例，作为当地集体主义文化的衡量变量。根据塔尔赫姆等（Talhelm et al.，2014）提出的"大米理论"（Rice Theory），与种植大麦相比，种植水稻更依赖集体协作，如水利灌溉、收割播种技术。因此，水稻种植模式更利于集体主义文化的发展与传播（Fan et al.，2022）。本章使用各城市 1957 年水稻种植面积占总耕地面积比例的数据进行研究。历史数据可以在一定程度上避免可能出现的内生性问题，1957 年的水稻数据是一个较为严格的外生变量，大概率由自然因素造成，不会直接影响当前的企业决策，也不会受到企业经济活动的影响。

在稳健性检验中，本章使用赵向阳等（2015）采用"全球领导力与组织行为有效性研究"（Global Leadership and Organizational Behavioral Effectiveness，GLOBE）标准构造的我国省级"社会导向的集体主义"文化习俗指标，作为集体主义文化的代理指标（Col_globe）。同时，参考李涛等（2019）和田子方（2020），本章使用"中国家庭追踪调查"（CFPS）项目的调查数据构造集体主义文化变量（Col_cfps）。本章分别选取"您对'不被人讨厌'的看法？""您对'聪明才干能带来回报'的看法？"以及"您的家族是否有族谱/家谱？"作为集体主义文化各个维度的衡量指标，并将三个指标的得分进行标准化后加总，计算出每一个省的平均集体主义文化得分。

（三）调节变量

本章进一步引入正式制度，衡量市场和政府主导的初次分配和再分配机制强度。本章选取《中国分省份市场化指数报告（2021）》的市场化指数和市场中介组织的发育和法治环境的排名，衡量地区市场化程度（Market）和地区法治化水平（Law）。本章认为，正式制度的强度可以在一定程度上反映地区的初次分配和再分配机制的强度。

（四）控制变量

参考许年行和李哲（2016）等，本章控制了一系列公司特征：企业规模（Size）、资产负债率（Leverage）、现金持有（Cash）、资产收益率（ROA）、销售增长率（Growth）、产权性质（SOE）。同时，本章在地区（城市）层面控制了包括人均 GDP（GDP）和传统文化强度（Tra_culture）在内的宏观特征，以控制地区经济发展水平和文化制度。其中，公司层面的所有变量均来自国泰安数据库，地区层面的数据来自国家统计局。同时，还控制了年份固定效应（Year）和行业固定效应（Industry）。行业信息来自 2012 年中国证监会修订的《上市公司行业分类指引》。具体的变量选取和变量定义见表 4-2。

表 4-2　变量选取和变量定义

| 变量类型 | 变量符号 | 变量名称 | 变量定义 |
|---|---|---|---|
| 因变量 | Donate1 | 慈善捐赠总额 | 企业慈善捐赠总额的自然对数 |
| | Donate2 | 慈善捐赠总额占总资产的比例 | 慈善捐赠总额÷总资产×100% |
| | Donate3 | 慈善捐赠总额占营业收入的比例 | 慈善捐赠总额÷营业收入×100% |
| 自变量 | Collectivism | 集体主义 | 水稻种植面积占总耕地面积比例 |
| | Col_globe | GLOBE 集体主义 | GLOBE 研究构造的集体主义文化 |
| | Col_cfps | CFPS 集体主义 | CFPS 数据构造的集体主义文化 |
| 控制变量 | Size | 企业规模 | 总资产的自然对数 |
| | Leverage | 资产负债率 | 总负债÷总资产 |
| | Cash | 现金持有 | 现金及现金等价物总额÷总资产 |
| | ROA | 资产收益率 | 净利润÷总资产 |
| | Growth | 销售增长率 | （当年销售额−去年销售额）÷去年销售额 |
| | SOE | 产权性质 | 国有企业为 1，否则为 0 |
| | GDP | 人均 GDP | 地区人均国内生产总值的自然对数 |
| | Tra_culture | 传统文化强度 | 地区每百万人人均传统文化集聚点数 |
| 调节变量 | Market | 市场化程度 | 地区市场化指数 |
| | Law | 法治化水平 | 地区法律保护水平 |
| 固定效应 | Year | 年份固定效应 | 年份虚拟变量 |
| | Industry | 行业固定效应 | 行业虚拟变量 |

注：表 4-2 总结了本章实证研究的主要变量选取及具体定义。

### 三、模型设定

本章采用以下模型验证主要假设：

$$Donate_{it} = \beta_0 + \beta_1 Collectivism_i + \beta_2 Controls_{i(t-1)} + Year + Industry + \varepsilon_{it}$$

$$(4-1)$$

模型（4-1）用以检验假设4-1。其中，Donate 表示用以衡量企业慈善捐赠行为的三个变量，$\beta_0$ 为常数项，Controls 表示控制变量，Year 和 Industry 分别表示年份固定效应和行业固定效应，$\varepsilon$ 为残差项。脚标 $i$、$t$ 分别表示 $i$ 公司在第 $t$ 年的观测值。本章使用的是面板数据的混合 OLS 模型，并在城市和年度层面上对标准误进行聚类修正。为了降低同年企业慈善捐赠与控制变量间存在的双向因果，所有控制变量均做滞后一期处理。

## 第四节　实证结果分析

### 一、描述性统计

由表4-3所示的样本描述性统计结果可知：上市公司慈善捐款总额占公司总资产的0.026%，并占当年营业收入的0.053%。样本中企业捐赠行为的标准差均相对较大，表明我国企业的慈善捐赠表现差异较为明显。此外，根据集体主义文化衡量指标的统计结果可知，我国地区间文化差异较大，这为本章的研究提供了较好的数据基础。

表4-3　描述性统计

| 变量 | 样本量/个 | 平均值 | 标准差 | 最小值 | 中位数 | 最大值 |
|---|---|---|---|---|---|---|
| Donate1 | 22 794 | 12.65 | 2.083 | 6.217 | 12.72 | 18.11 |
| Donate2 | 22 794 | 0.026 | 0.048 | 0 | 0.008 | 0.511 |
| Donate3 | 22 794 | 0.053 | 0.105 | 0 | 0.015 | 0.967 |
| Collectivism | 22 794 | 0.344 | 0.266 | 0 | 0.326 | 0.935 |
| Col_globe | 22 794 | 4.682 | 0.100 | 4.41 | 4.72 | 4.87 |

表4-3(续)

| 变量 | 样本量/个 | 平均值 | 标准差 | 最小值 | 中位数 | 最大值 |
|---|---|---|---|---|---|---|
| Col_cfps | 22 202 | 1.508 | 0.13 | 1.309 | 1.479 | 1.904 |
| Size | 22 794 | 22.09 | 1.265 | 19.14 | 21.91 | 26.44 |
| Leverage | 22 794 | 0.445 | 0.206 | 0.032 | 0.445 | 1.479 |
| Cash | 22 794 | 0.181 | 0.129 | 0.006 | 0.144 | 0.8 |
| ROA | 22 794 | 0.042 | 0.057 | −0.412 | 0.039 | 0.231 |
| Growth | 22 794 | 0.472 | 0.328 | −0.128 | 0.398 | 5.809 |
| SOE | 22 794 | 0.426 | 0.494 | 0 | 0 | 1 |
| GDP | 22 794 | 11.34 | 0.584 | 8.27 | 11.42 | 13.06 |
| Tra_culture | 22 794 | 0.411 | 0.623 | 0.006 | 0.211 | 5.421 |

注：表4-3汇报了本章实证研究的主要变量的描述性统计结果。部分变量由于数据来源本身的统计问题，缺失了部分样本。

## 二、基本回归结果

本节使用模型（4-1）验证主要假设，表4-4汇报了基本回归结果。列（1）至列（3）分别使用慈善捐赠金额的自然对数、慈善捐赠总额占总资产的比例和慈善捐赠占企业营业收入的比例作为企业慈善捐赠行为的衡量指标，结果均验证了假设4-1，即集体主义文化提高了企业的捐赠水平，Collectivism 的系数均在 1% 的水平上显著为正。具体来说，其他条件不变，当地集体主义文化强度每增加一个标准差，企业慈善捐赠金额增加11.7%，慈善捐赠总额占总资产的比例和慈善捐赠占企业营业收入的比例会分别增加各自均值的 5.1% 和 5.5%，具有显著的经济意义。

表4-4　基本回归结果

| 变量 | （1）<br>Donate1 | （2）<br>Donate2 | （3）<br>Donate3 |
|---|---|---|---|
| Collectivism | 0.442 *** <br> (0.066) | 0.005 *** <br> (0.001) | 0.011 *** <br> (0.003) |
| Size | 0.862 *** <br> (0.014) | −0.001 *** <br> (0.000) | −0.002 *** <br> (0.001) |

表4-4(续)

| 变量 | (1)<br>Donate1 | (2)<br>Donate2 | (3)<br>Donate3 |
|---|---|---|---|
| Leverage | −0.306 *** <br>(0.085) | −0.008 *** <br>(0.002) | −0.058 *** <br>(0.006) |
| Cash | 0.059 <br>(0.102) | 0.007 ** <br>(0.003) | 0.010 <br>(0.007) |
| ROA | 6.011 *** <br>(0.245) | 0.122 *** <br>(0.008) | 0.108 *** <br>(0.017) |
| Growth | −0.076 * <br>(0.040) | −0.002 ** <br>(0.001) | 0.004 <br>(0.003) |
| SOE | −0.512 *** <br>(0.030) | −0.011 *** <br>(0.001) | −0.024 *** <br>(0.002) |
| GDP | −0.112 *** <br>(0.037) | −0.006 *** <br>(0.001) | −0.020 *** <br>(0.002) |
| Tra_culture | 0.152 *** <br>(0.020) | 0.003 *** <br>(0.001) | 0.007 *** <br>(0.001) |
| Constant | −4.795 *** <br>(0.444) | 0.127 *** <br>(0.013) | 0.347 *** <br>(0.028) |
| 年份固定效应 | 控制 | 控制 | 控制 |
| 行业固定效应 | 控制 | 控制 | 控制 |
| 样本量/个 | 22 794 | 22 794 | 22 794 |
| $R^2$ | 0.298 | 0.110 | 0.097 |

注：表4-4汇报了本章实证研究的基本回归结果。因变量为企业慈善捐赠行为，分别以慈善捐赠金额的自然对数、慈善捐赠总额占总资产的比例和慈善捐赠占企业营业收入的比例衡量。自变量为企业所在地的集体主义文化强度，根据"大米理论"，使用水稻种植面积占总耕地面积比例衡量。括号内为在城市一年度层面上进行聚类修正的标准误。*** 、** 、* 分别表示在1%、5%、10%置信水平下显著。

### 三、稳健性检验

为了保证上述结果的稳健性，本节分别通过更换自变量和调整样本，对结果进行稳健性检验，结果如表4-5所示。首先，参考赵向阳等（2015），以及李涛等（2019）和田子方（2020），本节使用以GLOBE研究标准构造的我国"社会导向的集体主义"文化习俗指标［列（1）至列（3）］和依据CFPS调查数据构造的变量［列（4）至列（6）］，衡量地区集体主义文化强度，A 栏汇报了相关结果。其次，塔尔赫姆等（Talhelm et al.，2014）指出，我国牧区（新疆，西藏，内蒙古）的游牧文化所具有的独立性和流动性，使其表现出较为明显的个人主义特征。因此为了避免极端个人主义对本章结果造成的影响，本节剔除了企业注册地为牧区的样本［B 栏列（1）至列（3）］。同时，本节也使用保留企业注册地与办公地一致的样本进行检验［B 栏列（4）至列（6）］。最后，参考许年行和李哲（2016），本节将公益性捐赠支出为 0 或为空值的样本重新加入，并将空值的慈善捐赠金额赋值为 0，重新进行回归，并补充关注集体主义文化对企业是否进行捐赠（Donate_dummy）的影响，结果如 C 栏所示[①]。总的来说，在更换自变量的衡量标准和调整研究样本后，本章的主要结果保持一致。

表 4-5　稳健性检验

| A 栏：更换集体主义文化衡量变量 | | | | | | |
|---|---|---|---|---|---|---|
| 变量 | （1）Donate1 | （2）Donate2 | （3）Donate3 | （4）Donate1 | （5）Donate2 | （6）Donate3 |
| Col_globe | 0. 334 *** | 0. 010 *** | 0. 014 ** | | | |
| | (0. 126) | (0. 003) | (0. 007) | | | |
| Col_cfps | | | | 0. 378 *** | 0. 007 *** | 0. 013 ** |
| | | | | (0. 105) | (0. 003) | (0. 006) |
| Size | 0. 854 *** | −0. 001 *** | −0. 002 *** | 0. 851 *** | −0. 002 *** | −0. 002 *** |
| | (0. 014) | (0. 000) | (0. 001) | (0. 014) | (0. 000) | (0. 001) |
| Leverage | −0. 310 *** | −0. 008 *** | −0. 059 *** | −0. 295 *** | −0. 008 *** | −0. 057 *** |
| | (0. 084) | (0. 002) | (0. 006) | (0. 085) | (0. 002) | (0. 006) |
| Cash | 0. 083 | 0. 007 ** | 0. 011 | 0. 022 | 0. 005 * | 0. 009 |
| | (0. 104) | (0. 003) | (0. 007) | (0. 104) | (0. 003) | (0. 007) |
| ROA | 6. 004 *** | 0. 121 *** | 0. 107 *** | 6. 066 *** | 0. 124 *** | 0. 113 *** |
| | (0. 245) | (0. 008) | (0. 017) | (0. 248) | (0. 008) | (0. 017) |
| Growth | −0. 089 ** | −0. 002 ** | 0. 004 | −0. 085 ** | −0. 002 ** | 0. 004 |
| | (0. 040) | (0. 001) | (0. 003) | (0. 041) | (0. 001) | (0. 003) |
| SOE | −0. 523 *** | −0. 011 *** | −0. 024 *** | −0. 535 *** | −0. 011 *** | −0. 025 *** |
| | (0. 030) | (0. 001) | (0. 002) | (0. 030) | (0. 001) | (0. 002) |
| GDP | −0. 033 | −0. 005 *** | −0. 017 *** | −0. 047 | −0. 006 *** | −0. 017 *** |
| | (0. 036) | (0. 001) | (0. 002) | (0. 037) | (0. 001) | (0. 002) |

---

① 本节也使用了 Tobit 模型对 C 栏的结果进行检验，主要结果保持不变。

表4-5(续)

| 变量 | （1）Donate1 | （2）Donate2 | （3）Donate3 | （4）Donate1 | （5）Donate2 | （6）Donate3 |
|---|---|---|---|---|---|---|
| Tra_culture | 0.171*** | 0.004*** | 0.007*** | 0.182*** | 0.004*** | 0.008*** |
| | (0.019) | (0.001) | (0.001) | (0.019) | (0.001) | (0.001) |
| Constant | −6.828*** | 0.075*** | 0.268*** | −5.728*** | 0.119*** | 0.306*** |
| | (0.812) | (0.020) | (0.046) | (0.479) | (0.013) | (0.028) |
| 年份固定效应 | 控制 | 控制 | 控制 | 控制 | 控制 | 控制 |
| 行业固定效应 | 控制 | 控制 | 控制 | 控制 | 控制 | 控制 |
| 样本量/个 | 22 794 | 22 794 | 22 794 | 22 202 | 22 202 | 22 202 |
| $R^2$ | 0.296 | 0.110 | 0.096 | 0.297 | 0.113 | 0.098 |

B栏：删减研究样本

| 变量 | 剔除牧区样本 | | | 保留注册地与办公地一致的样本 | | |
|---|---|---|---|---|---|---|
| | （1）Donate1 | （2）Donate2 | （3）Donate3 | （4）Donate1 | （5）Donate2 | （6）Donate3 |
| Collectivism | 0.430*** | 0.005*** | 0.011*** | 0.474*** | 0.007*** | 0.016*** |
| | (0.067) | (0.001) | (0.003) | (0.063) | (0.001) | (0.003) |
| Size | 0.860*** | −0.002*** | −0.002*** | 0.875*** | −0.001** | −0.001 |
| | (0.014) | (0.000) | (0.001) | (0.014) | (0.000) | (0.001) |
| Leverage | −0.305*** | −0.008*** | −0.059*** | −0.310*** | −0.009*** | −0.060*** |
| | (0.085) | (0.002) | (0.006) | (0.086) | (0.002) | (0.006) |
| Cash | 0.025 | 0.006* | 0.009 | 0.059 | 0.009*** | 0.011* |
| | (0.102) | (0.003) | (0.007) | (0.107) | (0.003) | (0.007) |
| ROA | 6.022*** | 0.123*** | 0.110*** | 6.116*** | 0.122*** | 0.109*** |
| | (0.246) | (0.008) | (0.017) | (0.267) | (0.008) | (0.017) |
| Growth | −0.065 | −0.002* | 0.004 | −0.065 | −0.001 | 0.005 |
| | (0.041) | (0.001) | (0.003) | (0.047) | (0.001) | (0.003) |
| SOE | −0.510*** | −0.011*** | −0.024*** | −0.493*** | −0.010*** | −0.022*** |
| | (0.031) | (0.001) | (0.002) | (0.031) | (0.001) | (0.002) |
| GDP | −0.108*** | −0.006*** | −0.020*** | −0.116*** | −0.007*** | −0.021*** |
| | (0.037) | (0.001) | (0.002) | (0.036) | (0.001) | (0.002) |
| Tra_culture | 0.153*** | 0.004*** | 0.007*** | 0.154*** | 0.004*** | 0.008*** |
| | (0.021) | (0.001) | (0.001) | (0.020) | (0.001) | (0.001) |
| Constant | −4.828*** | 0.131*** | 0.353*** | −5.046*** | 0.119*** | 0.332*** |
| | (0.445) | (0.013) | (0.029) | (0.436) | (0.013) | (0.028) |
| 年份固定效应 | 控制 | 控制 | 控制 | 控制 | 控制 | 控制 |
| 行业固定效应 | 控制 | 控制 | 控制 | 控制 | 控制 | 控制 |
| 样本量/个 | 22 417 | 22 417 | 22 417 | 21 033 | 21 033 | 21 033 |
| $R^2$ | 0.299 | 0.113 | 0.098 | 0.298 | 0.111 | 0.095 |

表4-5(续)

| C栏：扩充研究样本 | | | | |
|---|---|---|---|---|
| 变量 | （1）<br>Donate_dummy | （2）<br>Donate1 | （3）<br>Donate2 | （4）<br>Donate3 |
| Collectivism | 0.158*** | 2.160*** | 0.006*** | 0.010*** |
| | (0.016) | (0.218) | (0.001) | (0.003) |
| Size | 0.073*** | 1.456*** | −0.001*** | −0.001* |
| | (0.003) | (0.036) | (0.000) | (0.001) |
| Leverage | −0.028* | −0.346* | −0.007*** | −0.051*** |
| | (0.017) | (0.209) | (0.002) | (0.005) |
| Cash | −0.086*** | −0.951*** | 0.005** | 0.005 |
| | (0.024) | (0.302) | (0.003) | (0.006) |
| ROA | 0.712*** | 12.084*** | 0.112*** | 0.113*** |
| | (0.052) | (0.618) | (0.006) | (0.014) |
| Growth | −0.016** | −0.222** | −0.001* | 0.003 |
| | (0.008) | (0.096) | (0.001) | (0.002) |
| SOE | −0.082*** | −1.373*** | −0.009*** | −0.021*** |
| | (0.006) | (0.077) | (0.001) | (0.001) |
| GDP | −0.034*** | −0.445*** | −0.005*** | −0.012*** |
| | (0.007) | (0.099) | (0.001) | (0.002) |
| Tra_culture | 0.027*** | 0.364*** | 0.001** | 0.001 |
| | (0.005) | (0.060) | (0.001) | (0.001) |
| Constant | −0.565*** | −18.351*** | 0.103*** | 0.250*** |
| | (0.090) | (1.177) | (0.011) | (0.023) |
| 年份固定效应 | Yes | Yes | Yes | Yes |
| 行业固定效应 | Yes | Yes | Yes | Yes |
| 样本量/个 | 32 429 | 32 429 | 25 244 | 25 244 |
| $R^2$ | 0.109 | 0.180 | 0.102 | 0.085 |

注：表4-5汇报了本章实证研究的稳健性检验结果。A栏汇报了替换自变量的结果，使用采用GLOBE研究标准构造的我国"社会导向的集体主义"文化习俗指标和依据CFPS调查数据构造的指标衡量集体主义文化。B栏和C栏分别删减和扩充了研究样本。括号内为在实控人籍贯地—年度层面上进行聚类修正的标准误。括号内为在城市—年度层面上进行聚类修正的标准误。***、**、*分别表示在1%、5%、10%置信水平下显著。

## 四、内生性问题分析

### （一）工具变量法

本章的内生性来源之一是遗漏变量问题，为此本节引入工具变量的方法，使用两阶段最小二乘法（2SLS）以解决可能存在的内生性问题。参考范等（Fan et al.，2022），本节使用地区降雨量（Precipitation）作为集体主义的工具变量。范等（Fan et al.，2022）指出，降雨量会直接影响水稻种植，与水稻培育高度相关。当地区降雨较为丰富时，水稻生长条件更易满足，因此当地更可能依赖水稻种植的农业模式，从而促进地区的集体主义文化形成。同时本节认为，降雨量是一个气候特征，作为一个相对严格的外生变量，不太可能直接对企业的慈善捐赠决策产生影响。由此看来，降雨量符合有效工具变量的标准。为了最大可能地降低当前经济活动对气候产生的影响，本节选取 1951 年各地区年均降雨量作为集体主义文化的工具变量[①]。

表 4-6 汇报了使用工具变量回归的结果。列（1）报告第一阶段的回归结果，与预期一致，当地降雨量越多，使用水稻数据衡量的集体主义文化越浓厚。F 统计值为 1 071.87，通过了弱工具变量检验。列（2）至列（4）为第二阶段的结果，本节同样考察企业慈善捐赠金额和其占总资产、营业收入的比例，结果表明，集体主义文化的系数均在 1% 的置信水平下显著为正。

表 4-6　工具变量回归结果

| 变量 | （1）<br>Collectivism | （2）<br>Donate1 | （3）<br>Donate2 | （4）<br>Donate3 |
|---|---|---|---|---|
| Precipitation | 0. 417 ***<br>（0. 013） | | | |
| Collectivism | | 0. 902 ***<br>（0. 105） | 0. 013 ***<br>（0. 002） | 0. 024 ***<br>（0. 005） |
| Size | −0. 004 ***<br>（0. 001） | 0. 905 ***<br>（0. 018） | −0. 002<br>（0. 005） | −0. 002<br>（0. 011） |

---

① 据调查所知，1951 年是本章样本中大部分城市降雨量数据可获取的最早年份。为了同时保证样本的代表性和工具变量的外生性，本节使用 1951 年的降雨量数据。

表4-6(续)

| 变量 | (1)<br>Collectivism | (2)<br>Donate1 | (3)<br>Donate2 | (4)<br>Donate3 |
|---|---|---|---|---|
| Leverage | 0.007 | −0.310*** | −0.009*** | −0.062*** |
|  | (0.007) | (0.117) | (0.003) | (0.008) |
| Cash | 0.058*** | 0.359** | 0.015*** | 0.025*** |
|  | (0.012) | (0.148) | (0.004) | (0.010) |
| ROA | −0.090*** | 6.310*** | 0.133*** | 0.148*** |
|  | (0.024) | (0.352) | (0.012) | (0.025) |
| Growth | −0.001 | −0.130** | −0.003*** | 0.003 |
|  | (0.004) | (0.051) | (0.001) | (0.034) |
| SOE | 0.025*** | −0.543*** | −0.013*** | −0.030*** |
|  | (0.004) | (0.041) | (0.001) | (0.002) |
| GDP | 0.003 | −0.005 | −0.006*** | −0.024*** |
|  | (0.013) | (0.534) | (0.002) | (0.003) |
| Tra_culture | 0.023** | 0.036 | 0.001 | 0.002 |
|  | (0.009) | (0.027) | (0.001) | (0.015) |
| Constant | −0.126 | −6.931*** | 0.100*** | 0.353*** |
|  | (0.140) | (0.638) | (0.019) | (0.041) |
| 年份固定效应 | 控制 | 控制 | 控制 | 控制 |
| 行业固定效应 | 控制 | 控制 | 控制 | 控制 |
| 样本量/个 | 12 649 | 12 649 | 12 649 | 12 649 |
| $R^2$ | 0.124 | 0.311 | 0.122 | 0.114 |
| F 统计值 | 1 071.87 |  |  |  |

注：表4-6汇报了本章实证研究的工具变量回归结果。因变量为企业慈善捐赠行为，分别以慈善捐赠金额的自然对数、慈善捐赠总额占总资产的比例和慈善捐赠占企业营业收入的比例衡量。自变量为企业所在地的集体主义文化强度，根据"大米理论"，使用水稻种植面积占总耕地面积比例衡量；工具变量为降雨量数据。括号内为在城市—年度层面上进行聚类修正的标准误。\*\*\*、\*\*、\*分别表示在1%、5%、10%置信水平下显著。

## (二) Heckman 两步法

值得注意的是，由于数据库提供的信息有限，无法得知部分企业未披露捐赠数据的原因，因此本章在基础回归中并未考虑此类样本。然而，这种选择很可能是非随机的，由此带来的样本自选择问题，会导致估计有偏。为解决以上内生来源问题，本节借助 Heckman 两步法。高和哈夫西

（Gao & Hafsi，2015）指出，来自同行的压力会迫使企业增加慈善捐赠的概率和额度。因此，本节在第一阶段引入企业所在行业当年除该企业外的慈善捐赠金额均值、慈善捐赠总额占总资产的比例均值和慈善捐赠占企业营业收入的比例均值。表 4-7 的回归结果表明，集体主义文化对企业的慈善行为有正向促进作用，这与表 4-4 的基本结果一致。由此可知，在解决了内生性问题后，假设 4-1 依然成立。

表 4-7　Heckman 两步法回归结果

| 变量 | （1）<br>Donate1 | （2）<br>Donate2 | （3）<br>Donate3 |
|---|---|---|---|
| Collectivism | 1. 317 *** | 0. 006 *** | 0. 010 *** |
|  | （0. 154） | （0. 001） | （0. 003） |
| Size | 1. 077 *** | 0. 002 *** | 0. 002 |
|  | （0. 054） | （0. 001） | （0. 001） |
| Leverage | −0. 264 | −0. 006 *** | −0. 048 *** |
|  | （0. 201） | （0. 002） | （0. 005） |
| Cash | −0. 144 | 0. 001 | 0. 002 |
|  | （0. 244） | （0. 003） | （0. 006） |
| ROA | 8. 333 *** | 0. 149 *** | 0. 152 *** |
|  | （0. 821） | （0. 010） | （0. 022） |
| Growth | −0. 067 | −0. 002 ** | 0. 002 |
|  | （0. 094） | （0. 001） | （0. 002） |
| SOE | −0. 658 *** | −0. 012 *** | −0. 023 *** |
|  | （0. 082） | （0. 001） | （0. 002） |
| GDP | −0. 238 *** | −0. 005 *** | −0. 012 *** |
|  | （0. 078） | （0. 001） | （0. 002） |
| Tra_culture | 0. 110 ** | 0. 002 *** | 0. 002 |
|  | （0. 049） | （0. 001） | （0. 001） |
| IMR | −3. 803 *** | 0. 060 *** | 0. 059 ** |
|  | （1. 163） | （0. 011） | （0. 024） |
| Constant | −8. 116 *** | 0. 047 *** | 0. 186 *** |
|  | （1. 334） | （0. 015） | （0. 033） |
| 年份固定效应 | 控制 | 控制 | 控制 |
| 行业固定效应 | 控制 | 控制 | 控制 |

表4-7(续)

| 变量 | (1)<br>Donate1 | (2)<br>Donate2 | (3)<br>Donate3 |
|---|---|---|---|
| 样本量/个 | 24 263 | 24 263 | 24 263 |
| $R^2$ | 0.176 | 0.090 | 0.077 |

注：表4-7汇报了本章实证研究的Heckman两步法回归结果。第一阶段引入企业所在行业当年除该企业外的慈善捐赠金额均值、慈善捐赠总额占总资产的比例均值和慈善捐赠占企业营业收入的比例均值。IMR为逆米尔斯比率。括号内为在城市—年度层面上进行聚类修正的标准误。***、**、*分别表示在1%、5%、10%置信水平下显著。

## 五、异质性分析

基于以上较为稳健的研究结果，本节进一步考察集体主义文化在不同经营环境下，对企业慈善捐赠行为影响的异质性。与企业面对来自内部治理和外部市场的短期冲击或突发干扰而做出的即时调整不同，文化对企业经营决策的影响往往是持续而稳定的。因此，当企业由于内外部环境的短期变化而调整其慈善捐赠策略时，集体主义文化或许可以帮助企业对这些变化做出调节，使得企业不会因自身经营状况的波动，而过度削减其捐赠规模。为验证这一思路，本节分别从企业内部治理因素和市场环境入手，考察集体主义文化的作用。

从企业内部因素看，融资约束会阻碍企业对于社会责任的履行（Hong et al.，2012；Leong & Yang，2021），因此可能使得企业的慈善捐赠意愿降低。本节使用企业前一年的SA指数来刻画企业面临的融资约束。一方面，前一年的财务状况会对本年度的企业决策造成影响，而不会受到本年度的影响；另一方面，参考鞠晓生等（2013），本节选取并不包含内生性特征的融资约束变量SA指数。以上处理使得融资约束的衡量，相对于企业慈善捐赠来说相对外生。本节在模型（4-1）的基础上引入融资约束（Constriant）及其与集体主义文化的交互项（Collectivism×Constraint），以考察融资约束对企业慈善捐赠的影响，以及集体主义文化对这一影响的调节作用。表4-8的列（1）至列（3）报告了回归结果。可以看出，集体主义文化可以促使企业进行慈善捐赠，而融资约束会阻碍企业的慈善表现。更为重要的是，集体主义文化可以消减融资约束的负面作用。地区集体主义文化强度每增加一个标准差，可以分别降低融资约束对于慈善捐赠金额、捐赠金额占总资产比例和占企业营业收入比例大约 26%、53% 和 89% 的影响。

从外部环境看，当企业所在地区遭遇严重的自然灾害时，企业可能面临生产设备受损、供应链断裂等损失，使得其慈善捐赠的能力降低。本节统计各地区每年因各种自然灾害而造成的直接经济损失，并以此来衡量当地企业受自然灾害影响的严重程度。与前文类似，本节引入损失金额（Loss）及其与集体主义文化的交互项（Collectivism×Loss），以检验企业因自然灾害受损后的慈善捐赠决策，以及集体主义文化在该过程中的调节作用，结果如表4-8的列（4）至列（6）所示。结果表明，因灾损失确实会使企业削减慈善捐赠规模，但高强度的集体主义文化会减少，甚至基本抵消这种负面影响。具体来说，地区集体主义文化强度每增加一个标准差，可以分别降低自然灾害对于慈善捐赠金额、捐赠金额占总资产比例和占企业营业收入比例大约 83%、106% 和 106% 的影响。

以上结果均表明，在企业面临内外部经营环境冲击，而减少其慈善捐赠规模时，集体主义文化可以减少这种影响。这体现了集体主义文化在我国传统文化背景下，作为中国特色社会主义的价值观念，所提倡的"患难与共""同舟共济"的思想。

表4-8　异质性分析

| 变量 | （1）Donate1 | （2）Donate2 | （3）Donate3 | （4）Donate1 | （5）Donate2 | （6）Donate3 |
|---|---|---|---|---|---|---|
| Collectivism | 0.463 *** | 0.005 *** | 0.011 *** | 0.345 *** | −0.001 | 0.001 |
| | （0.066） | （0.001） | （0.003） | （0.094） | （0.003） | （0.005） |
| Constraint | −0.176 *** | −0.001 * | −0.003 *** | | | |
| | （0.020） | （0.001） | （0.001） | | | |
| Collectivism×Constraint | 0.173 *** | 0.002 | 0.010 *** | | | |
| | （0.046） | （0.001） | （0.003） | | | |
| Loss | | | | −0.033 ** | −0.001 ** | −0.002 ** |
| | | | | （0.016） | （0.001） | （0.001） |

表4-8(续)

| 变量 | (1) Donate1 | (2) Donate2 | (3) Donate3 | (4) Donate1 | (5) Donate2 | (6) Donate3 |
|---|---|---|---|---|---|---|
| Collectivism×Loss | | | | 0.103** (0.045) | 0.004** (0.002) | 0.008** (0.003) |
| Size | 0.867*** (0.014) | -0.001*** (0.000) | -0.002*** (0.001) | 0.855*** (0.015) | -0.001** (0.000) | -0.002** (0.001) |
| Leverage | -0.256*** (0.085) | -0.008*** (0.002) | -0.059*** (0.006) | -0.268*** (0.096) | -0.006** (0.002) | -0.048*** (0.006) |
| Cash | -0.034 (0.103) | 0.007** (0.003) | 0.011 (0.007) | 0.046 (0.111) | 0.008** (0.003) | 0.013** (0.007) |
| ROA | 5.962*** (0.248) | 0.121*** (0.008) | 0.110*** (0.017) | 6.312*** (0.296) | 0.122*** (0.009) | 0.104*** (0.019) |
| Growth | -0.075* (0.040) | -0.002** (0.001) | 0.004 (0.003) | -0.076* (0.042) | -0.002** (0.001) | 0.005* (0.003) |
| SOE | -0.437*** (0.032) | -0.010*** (0.001) | -0.024*** (0.002) | -0.480*** (0.033) | -0.010*** (0.001) | -0.022*** (0.002) |
| GDP | -0.127*** (0.037) | -0.006*** (0.001) | -0.020*** (0.002) | -0.110*** (0.041) | -0.006*** (0.001) | -0.019*** (0.002) |
| Tra_culture | 0.150*** (0.020) | 0.004*** (0.001) | 0.007*** (0.001) | 0.164*** (0.022) | 0.004*** (0.001) | 0.007*** (0.001) |
| Constant | -4.904*** (0.435) | 0.129*** (0.013) | 0.353*** (0.028) | -5.298*** (0.487) | 0.112*** (0.014) | 0.319*** (0.030) |
| 年份固定效应 | 控制 | 控制 | 控制 | 控制 | 控制 | 控制 |
| 行业固定效应 | 控制 | 控制 | 控制 | 控制 | 控制 | 控制 |
| 样本量/个 | 22 573 | 22 573 | 22 573 | 19 193 | 19 193 | 19 193 |
| $R^2$ | 0.300 | 0.111 | 0.098 | 0.275 | 0.110 | 0.095 |

注：表4-8汇报了本章实证研究的异质性检验结果。分别考察了在不同自然灾害损失和融资约束程度下的异质性影响。括号内为在城市—年度层面上进行聚类修正的标准误。***、**、*分别表示在1%、5%、10%置信水平下显著。

## 六、企业慈善捐赠：实现共同富裕的补充路径

接下来本章讨论集体主义文化通过影响第三次分配而实现共同富裕的路径，是否可以有效克服和弥补第一次分配和第二次分配过程中可能出现

的"市场失灵"和"政府失灵"的现象。第一次分配主要由市场发挥作用，第二次分配由政府主导，它们均依赖于市场中的正式制度强度，因此本节选取地区市场化指数（Market）和法治化发展程度（Law），对两次分配的制度强度进行衡量。

为证实企业的慈善捐赠确实能够作为第三次分配的重要组成，实现社会共同富裕，本节研究慈善捐赠行为对于地区共同富裕的影响。参考韩亮亮等（2022），本节分别使用熵值法和主成分分析法构造省级共同富裕指数（Cmw1，Cmw2），并将企业捐赠金额在省级层面进行平均（Donate Mean），以考察地区企业捐赠水平对实现共同富裕的影响。为了控制第一、二次分配对实现共同富裕的影响，本节加入市场化指数和法治化发展程度等正式制度的衡量变量，同时控制政府干预（Governance）、产业结构（Structure）、教育发展（Education）和对外开放水平（Openness）等变量，结果如表4-9的A栏所示。结果表明，企业慈善捐赠可以显著促进地区共同富裕的实现，当地区企业的捐赠均值每增加一个标准差，使用熵值法和主成分分析法构造的共同富裕指数均将提高11.5%个标准差左右，具有重要的经济和统计意义。此外，正式制度也对共同富裕指数有显著正向作用，再次验证了第一、二次分配在实现共同富裕进程中的重要作用。

$$Donate_{it} = \beta_0 + \beta_1 Collectivism_i + \beta_2 Institution_{it} + \beta_3 Collectivism_i \times$$
$$Institution_{it} + \beta_4 Controls_{i(t-1)} + Year + Industry + \varepsilon_{it} \quad (4-2)$$

进一步地，借助模型（4-2），本节考察集体主义文化作为社会机制，对于市场机制和政府机制的替代作用。Institution 表示地区正式制度强度，其余变量的定义与模型（4-1）相同。表4-9的B栏展示了回归结果。结果表明，第一、二次分配所依赖的市场和政府机制，在一定程度上也可以促进企业慈善捐赠。具体来说，市场化指数每增加一个单位，当地企业的慈善捐赠金额将提高8.1%，捐赠金额占总资产和营业收入的比例将分别提高0.1%和0.2%；法律保护水平每增加一个单位，当地企业的慈善捐赠金额将提高1.5%，捐赠金额占总资产和营业收入的比例将分别提高0.03%和0.1%。这也验证了正式制度对于实现共同富裕的有效性。进一步的，集体主义文化变量与制度变量的交互项系数显著为负，说明集体主义文化与正式制度之间存在替代关系。也就是说，在正式制度监管不足时，集体主义文化可以很好地弥补缺失。由此可见，从企业慈善捐赠的角度出发，集体主义文化可以通过积极影响第三次分配，推动共同富裕的实现，并且当第一、二次分配所依赖的机制"失灵"时，可以保障第三次分配顺利进行。

表 4-9　集体主义文化，企业慈善捐赠与共同富裕

| A 栏：地区慈善捐赠与共同富裕 | | |
|---|---|---|
| 变量 | (1)<br>Cmw1 | (2)<br>Cmw2 |
| DonateMean | 0.024 *** <br>(0.005) | 0.190 *** <br>(0.051) |
| Market | 0.007 *** <br>(0.001) | 0.041 *** <br>(0.007) |
| Law | 0.002 *** <br>(0.001) | 0.025 *** <br>(0.007) |
| Governance | −13.813 *** <br>(3.791) | −76.063 ** <br>(32.056) |
| Structure | 0.071 *** <br>(0.005) | 0.594 *** <br>(0.053) |
| Education | −3.012 *** <br>(0.407) | −23.038 *** <br>(3.086) |
| Openness | 24.777 *** <br>(8.959) | 183.951 ** <br>(71.638) |
| Constant | −0.113 <br>(0.081) | −3.444 *** <br>(0.741) |
| 年份固定效应 | 控制 | 控制 |
| 样本量/个 | 200 | 200 |
| $R^2$ | 0.856 | 0.839 |

| B 栏：集体主义文化，企业慈善捐赠和共同富裕 | | | | | | |
|---|---|---|---|---|---|---|
| 变量 | (1)<br>Donate1 | (2)<br>Donate2 | (3)<br>Donate3 | (4)<br>Donate1 | (5)<br>Donate2 | (6)<br>Donate3 |
| Collectivism | 1.383 *** <br>(0.410) | 0.040 *** <br>(0.010) | 0.097 *** <br>(0.021) | 1.454 *** <br>(0.236) | 0.036 *** <br>(0.007) | 0.084 *** <br>(0.013) |

表4-9(续)

| 变量 | (1) Donate1 | (2) Donate2 | (3) Donate3 | (4) Donate1 | (5) Donate2 | (6) Donate3 |
|---|---|---|---|---|---|---|
| **B栏：集体主义文化，企业慈善捐赠和共同富裕** | | | | | | |
| Market | 0.081*** | 0.001*** | 0.002** | | | |
|  | (0.020) | (0.000) | (0.001) | | | |
| Collectivism×Market | −0.124** | −0.004*** | −0.011*** | | | |
|  | (0.058) | (0.001) | (0.003) | | | |
| Law | | | | 0.015*** | 0.003*** | 0.001*** |
|  | | | | (0.004) | (0.001) | (0.000) |
| Collectivism×Law | | | | −0.041*** | −0.012*** | −0.003*** |
|  | | | | (0.010) | (0.003) | (0.001) |
| Size | 0.848*** | −0.001** | −0.001 | 0.849*** | −0.001** | −0.001 |
|  | (0.015) | (0.000) | (0.001) | (0.015) | (0.000) | (0.001) |
| Leverage | −0.317*** | −0.007*** | −0.054*** | −0.318*** | −0.007*** | −0.054*** |
|  | (0.101) | (0.003) | (0.006) | (0.101) | (0.003) | (0.006) |
| Cash | −0.025 | 0.006* | 0.012* | −0.035 | 0.006* | 0.011* |
|  | (0.113) | (0.003) | (0.007) | (0.114) | (0.003) | (0.007) |
| ROA | 6.183*** | 0.128*** | 0.118*** | 6.223*** | 0.129*** | 0.120*** |
|  | (0.308) | (0.010) | (0.021) | (0.309) | (0.010) | (0.021) |
| Growth | −0.073* | −0.002* | 0.005* | −0.082* | −0.002* | 0.005 |
|  | (0.043) | (0.001) | (0.003) | (0.043) | (0.001) | (0.003) |
| SOE | −0.472*** | −0.010*** | −0.023*** | −0.489*** | −0.010*** | −0.024*** |
|  | (0.035) | (0.001) | (0.002) | (0.035) | (0.001) | (0.002) |
| GDP | −0.201*** | −0.007*** | −0.021*** | −0.168*** | −0.007*** | −0.021*** |
|  | (0.045) | (0.001) | (0.003) | (0.045) | (0.001) | (0.003) |
| Tra_culture | 0.143*** | 0.003*** | 0.006*** | 0.148*** | 0.004*** | 0.007*** |
|  | (0.024) | (0.001) | (0.001) | (0.024) | (0.001) | (0.001) |
| Constant | −3.072*** | 0.158*** | 0.382*** | −3.254*** | 0.155*** | 0.382*** |
|  | (0.540) | (0.016) | (0.037) | (0.533) | (0.016) | (0.037) |
| 年份固定效应 | 控制 | 控制 | 控制 | 控制 | 控制 | 控制 |
| 行业固定效应 | 控制 | 控制 | 控制 | 控制 | 控制 | 控制 |
| 样本量/个 | 17 508 | 17 508 | 17 508 | 17 508 | 17 508 | 17 508 |
| $R^2$ | 0.262 | 0.110 | 0.096 | 0.262 | 0.111 | 0.097 |

注：表4-9汇报了本章实证研究的共同富裕相关研究结果。A栏考察了企业慈善捐赠行为对地区共同富裕的影响，括号内为在省份—年度层面上进行聚类修正的标准误。B栏汇报了集体主义文化与正式制度的替代关系检验，括号内为在城市—年度层面上进行聚类修正的标准误。***、**、*分别表示在1%、5%、10%置信水平下显著。

## 第五节　本章小结

　　集体主义文化是社会主义道德的基本原则。本章从企业慈善捐赠行为入手，以 2003—2020 年我国 A 股上市公司为研究样本，探究集体主义文化对企业社会责任决策的影响。研究发现，企业所在地的集体主义文化越浓厚，企业慈善捐赠水平越高。这一结论在进行一系列稳健性检验，并使用工具变量法和 Heckman 两步法解决内生性问题后，仍然保持一致。进一步的研究表明，在企业面临较多融资约束和较大自然灾害损失时，以上作用更加显著，验证了集体主义的利他思想对企业捐赠的利他动机的促进作用。最后，企业慈善捐赠作为第三次分配的重要途径，可以有效促进共同富裕实现。同时，作为非正式制度，在企业所在地的正式制度缺乏，导致第一、二次分配机制不足时，集体主义文化的作用更大。

　　本章的研究结论具有重要的理论和现实意义。一来，本章从内嵌于我国传统文化以及社会主义核心价值观中的集体主义文化入手，结合企业慈善捐赠，补充了关于企业社会责任的利他动机的讨论。本章的发现为如何引导企业正确看待慈善捐赠，以己之力助推社会发展，提供了新的政策视角。可以通过进一步宣扬和培养集体主义精神，激发企业自身的利他思想，增加社会对于企业利他行为，如慈善捐赠的肯定，来促进企业积极投身慈善事业之中。二来，本章的结论为非正式制度在推动我国实现共同富裕的过程中的作用，提供了实证支撑。以慈善捐赠为主要表现形式的第三次分配，可以通过改善收入和财富分配格局，稳步助力共同富裕的实现。针对非正式制度与企业慈善捐赠行为的讨论，为在实现共同富裕的进程中，对正式制度引导的初次分配与再分配进行有效补充，提供政策启示和现实证据。

# 第五章　社会信任与企业社会责任：来自企业整体表现的证据

## 第一节　问题提出

社会信任代表了一种强大的文化力量，影响着社会和经济的塑造过程（Fukuyama，1995）。在中国文化的传承与发扬过程中，社会信任一直是众多文化分支的道德基础，可以说每一个类型的中华文化内涵中，都蕴含着信任的元素。因此在讨论文化时，社会信任对企业社会责任决策的影响也非常重要。同时张维迎和柯荣住（2002）指出，社会信任是除物质资本和人力资本之外决定一个国家经济增长和社会进步的主要社会资本。我国自古以来就极其注重诚实守信的价值观，信任文化从古至今一直影响着中国社会的发展。高社会信任水平可以规范企业行为（Guiso et al.，2004；Jha & Cox，2015）。一方面，信任催生了社会对诚信行为的要求和期望，这种期望直接影响了一个社会经济实体的规模、组织方式、交易范围和交易形式，以及社会中非直接生产性寻利活动的规模和强度（张维迎和柯荣住，2002）。另一方面，在高社会信任水平的地区，企业及其管理者的违法违规行为更容易受到严厉惩罚（Hilary & Huang，2015）。

企业的众多决策都会受到社会信任水平的道德约束（王艳和李善民，2017；Li et al.，2017，2019），企业社会责任的各个维度也都或多或少地受到社会信任强度的指导和规范。因此本章从企业履行社会责任的整体表现入手，关注和讨论社会信任对企业社会责任的影响。现有文献主要从两个方面讨论了企业履行社会责任的动因。一方面，企业履行社会责任是公司战略上的安排。在环境意识和社会责任方面表现更好的企业更受机构投资者青睐（Nofsinger et al.，2019）。积极履行社会责任的企业股票崩盘风险更低（Kim et al.，2014），且企业的并购完成度更高（Arouri et al.，2019）。另一方面，杰哈和考克斯（Jha & Cox，2015）指出，企业社会责任的履行并不仅仅是利益驱使。劳等（Lau et al.，2016）发现企业的董事会组成、所有权性质和高管结构均会显著影响企业社会责任的履行。而管理层的行为很有可能受到其所在地区的社会资本的影响（Jha & Cox，2015）。杰哈和考克斯（Jha & Cox，2015）发现，以社会规范和关系网络为代表的社会资本会促进企业的社会责任履行。

由上文可知，社会信任影响企业社会责任的原因有二：

第一，企业履行社会责任是企业不求回报、展现自身良好"社会公民"形象的利他行为（Campbell et al.，1999），这体现了企业社会责任的利他动机。根据利益相关者理论，落实企业社会责任可以帮助企业更好地维护利益相关者的权益（Deng et al.，2013）。王艳和李善民（2017）发现，社会信任水平有助于减少机会主义和免费搭车行为，督促诚实守信的合作行为。李等（Li et al.，2017，2019）指出，高社会信任水平可以减少企业管理层坏消息囤积和盈余管理的动机，并降低企业的股价崩盘风险和IPO抑价水平。高水平的社会信任可以规范当地企业和管理者的行为，激励管理层做出更多利他主义的行为决策（Guiso et al.，2004），使得管理者在追求绩效的同时，兼顾其他利益相关者的利益。

第二，企业的社会责任行为存在战略动机（Baron，2001），即企业承载社会责任是以利润最大化为目的的企业战略行为。根据组织合法性理论，企业履行社会责任向公众展现了它们对社会公益和利益相关者广泛利益的关注，迎合了社会对于企业社会责任的诉求。林斯等（Lins et al.，2017）指出，企业履行社会责任可以增加自身的社会资本，便于在利益相关者间建立起信任和合作，最终有助于提升企业绩效（Dumitrescu & Zakriya，2021）。同时，为了避免高信任文化对违规行为的处罚，企业会规范自身的决策和行为，如提高财务报告的披露质量（Jha，2019）。因此，社会信任通过督促企业决策中的道德规范，鼓励企业诚信经营，同时对违规行为进行惩罚，从而对企业的经济和金融绩效产生积极影响。

基于上述理论和实证研究现状，本章讨论社会信任对企业社会责任整体履行的影响。选取润灵环球于2009—2018年编制的社会责任报告评价指数数据所涉及的公司为样本，分析地区社会信任如何影响企业社会责任。研究发现，企业所在地的社会信任水平越高，企业社会责任履行表现越好。在改变社会信任和企业社会责任的衡量标准，并使用倾向得分匹配方法和语言多样性作为工具变量解决内生性问题后，主要结论依旧稳健。进一步地，企业内外部治理水平在社会信任与企业社会责任的关系中有一定的调节作用，在董事会女性占比较低、外资参股比例较低、市场化程度较低以及法律保护水平较低的企业中，社会信任对企业社会责任的影响更大。社会信任可以通过提高企业绩效，如降低系统性风险以及减少融资约束，鼓励企业履行社会责任。

与现有文献相比，本章主要有以下创新和贡献：

第一，本章进一步拓展了我国企业社会责任影响因素的研究视角。随着企业社会责任越来越受到政府和公众的重视，文献试图从企业管理层特征、股权特征（McGuinness et al.，2017；Chen et al.，2020）和以正式制度为主的市场环境（Cai et al.，2016）等方面研究动因，推动企业社会责任的积极履行。通过探究社会信任对企业社会责任整体决策的作用机理，本章的发现加深了对非正式制度如何影响企业社会责任决策的理解与认识。

第二，本章为社会信任如何影响企业活动提供了新的研究思路。社会信任是社会资本的重要组成部分，也是一种强大的文化力量，影响着社会和经济的塑造过程（Fukuyama，1995）。借助利益相关者理论和组织合法性理论，本章考察了社会信任在企业社会责任决策过程中的作用，即激发企业的利他思想，并鼓励企业寻求经营活动的合法化。

第三，本章提供了一定的实践启示。我国正式制度对企业社会责任的规制正在逐渐完善，寻找关键的非正式制度替代因素以弥补正式监管中的漏洞与不足也至关重要。本章通过分析社会信任对企业社会责任的影响，揭示了非正式制度与企业行为决策之间的关系及其理论解释，这对于相关部门更深刻地认识中国企业社会责任行为动因，督促企业社会责任履行具有积极的借鉴意义。

## 第二节　假设提出

### 一、社会信任对企业活动的影响

信任被视为某一主体对其他主体执行特定行为的可能性的主观评估（Gambetta，1988），或是人们与他人合作的倾向（Putnam，1993）。社会信任是社会成员之间相互信任的整体水平，是所有经济交流的基础（Williamson，1993）。实证研究表明，高水平的社会信任可以促进经济增长，提高社会效率（张维迎和柯荣住，2002；Guiso et al.，2009）。

近年来，大量文献讨论了社会信任在企业经济金融活动中的作用。社会信任是社会资本的重要组成，而社会资本作为法律制度和经济制度等正式制度之外的一种非正式制度，深刻地影响着企业管理层的行为（潘越等，2009，2010）。包括社会信任在内的社会资本被视为一种合作规范，这种规范会限制对狭隘的个人利益的追求（Knack & Keefer，1997），限制交易中的机会主义行为（王艳和李善民，2017）。哈桑等（Hasan et al.，2014）发现，社会资本可以通过外部环境向公司施加压力，限制公司的机会主义行为，从而有效降低企业在与债权人签约时的债券利差。霍伊（Hoi et al.，2019）指出，社会资本可以通过限制和调整管理层的薪酬，解决代理问题。关注社会信任的文献发现，地区社会信任水平越高，越有助于督促企业减少坏消息囤积，提高财务报告的质量和透明度，降低公司股价崩盘风险（Li et al.，2017）。王艳和李善民（2017）发现，信任可以督促并购交易双方诚实守信的合作行为，促进并购合作的完成。此外，李等（Li et al.，2019）发现所在地社会信任水平更高的公司，IPO 抑价程度更低，原因是低社会信任地区的公司需要提供更高的抑价水平以保证投资者的参与度。

总体来讲，高水平的社会信任可以减少企业机会主义行为，促进经济发展，提升金融绩效。学者们普遍将这一影响归因于社会规范，即某些由信任文化带来的非正式的价值观或行为规范可以通过教育等方式烙印在该地区的人们身上，这些规范使该地区的个人或企业感到有义务遵循社会道德，规范自身的行为（McGuire et al.，2012）。同时，由于高信任水平催生的诚信与社会规范，不道德行为将会受到严厉的惩罚（Hilary & Huang，2015）。所以为了避免惩罚、提高企业绩效，企业也会战略性地做出表现自身合规合法、响应社会道德规范的行为决策。企业社会责任被认为是关注利益相关者权益的行为，它可以展现企业将社会责任融入自身经济绩效的发展理念，同时响应国家"可持续发展"的号召。因此，本章试图从企业社会责任的视角检验社会信任对企业活动的作用机理。

**二、社会信任与企业的利他动机**

弗里曼（Freeman，1984）对利益相关者的定义是"任何能影响企业目标的实现，或被企业目标的实现所影响的个人或群体"。也就是说，除了员工、供应商、消费者、竞争者、地方社区等对企业有经济依赖性的利益相关者以外，与公司在社会利益上存在关联的政府部门、媒体等，也是不应被忽视的利益相关者。根据利益相关者理论，企业履行社会责任是为了关注更多财务绩效之外的利益相关者诉求，如慈善捐助、污染物治理等。企业经营的最终目的是使社会利益最大化，落实社会责任履行可以帮助企业更好地响应相关部门要求和社会公众诉求，实现企业为社会服务的根本价值，推动社会共同体福祉的进步。

根据企业社会责任的利他动机，企业履行社会责任的行为在一定程度上由社会意识激发（Campbell et al.，1999）。社会信任作为企业外部环境的重要组成因素，代表了社会规范和道德准则。社会信任可以通过决定个人内在标准和价值观、影响社会整体的行为准则和反映国家文化和法治化水平等多个层面影响公司行为（张茵 等，2017）。杰哈和考克斯（Jha &

Cox，2015）指出，社会资本水平较高的地区具有更利他的社会规范和鼓励诚实守信行为的社交网络，因此也会约束和规范企业及其管理者，使他们在制定决策时有更多的利他主义思想和表现。企业管理者在受到当地社会信任水平影响后，会树立起自身和企业的利他意识，充分考虑利益相关者的诉求，增强企业社会责任的利他动机，从而更好地履行社会责任。

### 三、社会信任与企业的战略动机

根据组织合法性理论，合法性是指在一个由社会构建的规范、价值、信念和定义的体系中，组织的行为被认为是可取的、恰当的、合适的一般性感知或假定（Suchman，1995）。学者们将组织合法性的核心思想归纳为实体价值与社会价值规范的一致（Suchman，1995）。斯科特（Scott，1995）将组织合法性细分为规制合法性、规范合法性（也称道德合法性）以及认知合法性。其中，规制合法性是指组织行为符合政府、机构、行业部门、协会等相关部门所制定的规章制度；规范合法性则来源于社会价值与道德规范，反映了社会公众对组织行事的判断和评价。社会信任催生了行为规范和道德约束，使当地企业在制定决策的过程中，必须遵守相应的社会规范，符合规范合法性。一旦违反社会价值和道德规范，企业及其管理者将受到严厉的处罚（Hilary & Huang，2015）。

企业社会责任的战略动机指出，通过向外界释放自身关注社会责任、有"社会公民"意识的信号，企业能够获得声誉资本、可持续竞争优势等战略性资源，提升自身的战略地位，最终提高企业绩效（Porter & Kramer，2002）。当地区社会信任水平较高时，社会公众和政府部门对于企业规范生产活动、履行社会责任的期望和要求会更高。由于社会信任催生的社会规范与约束，高社会信任水平地区的企业管理者会在做出不道德行为时受到更严厉的惩罚（Hilary & Huang，2015），从而督促他们更积极地履行职责。因此，通过履行社会责任，企业可以获得认同，加强自身决策的合法合规性（Guo et al.，2018）。社会信任可以通过增强企业的战略动机，激励企业履行社会责任。

## 四、假设提出

根据上述文献，社会信任能够影响企业社会责任的原因在于：一方面，结合企业社会责任的利他动机和利益相关者理论，在高水平的社会信任的影响下，企业会做出更多利他主义的决策行为（Jha & Cox，2015），更加注重利益相关者的需求，从而也会更加积极主动地履行社会责任。另一方面，根据企业社会责任的战略动机和组织合法性理论，处于高社会信任水平地区的公司会更努力地遵循社会道德从而寻求生产活动的合法性（Lau et al.，2016），避免受到社会舆论的制裁，遵守社会准则的公司会受到更高的社会认同。因此，企业出于战略目的，也会积极履行社会责任以响应高社会信任地区的公众诉求。

值得一提的是，社会责任的利他动机和战略动机并不矛盾。社会责任的利他动机主要是指对利益相关者的诉求、权益的有利。根据邓等（Deng et al.，2013）的发现，当企业开展社会责任的行动时，会在利益相关者中建立起声誉，有利于公司获得利益相关者的长期支持。因此从长期来看，社会责任履行水平较高的企业的股东与其他利益相关者的利益是倾向一致的，他们都是为了企业的长期可持续发展。而从企业的战略动机出发，履行社会责任向社会传递了自身积极考虑利益相关者的信号，同样也是为了企业的长期利益。由此看来，社会信任通过对企业利他动机和战略动机的同时作用，使得企业有意愿履行社会责任。根据以上理论和实证发现，本章提出以下假设：

假设 5-1：企业所在地的社会信任水平越高，企业的社会责任履行表现越好。

作为一项近年来被政府号召、公众诉求的公司治理模式，企业社会责任的履行被验证了受到企业内外部治理水平和结构的影响。从内部结构看，企业管理层的性别、年龄等结构组成，CEO 的个人特征都影响着企业的社会责任履行（McGuinness et al.，2017）。机构投资者与外资的引入也可以提高我国企业社会责任履行水平（王海姝 等，2014；黄伟和陈钊，2015）。

从外部治理水平看，经济发展水平、制度约束力度、法律起源等地区特征，也能够通过影响社会对企业社会责任的要求和企业管理者的发展理念，对社会责任的履行产生影响（Cai et al.，2016）。此外，文献指出，在影响各类企业决策和行为的过程中，社会资本和社会信任水平与地区正式制度均呈现替代作用（潘越 等，2009，2010；Li et al.，2017，2019）。

传统公司治理模式以最大化利润为目标，而上述的企业内外部治理水平都会或多或少地对这种传统思想进行校正。具体来说，当企业治理水平较高时，企业会积极履行社会责任以保证在最大化利润的同时保证自身的竞争力。而当治理水平欠佳时，社会信任可能会通过提高企业的利他思想，增强社会责任的利他动机，使企业更多地考虑利益相关者，从而提升社会责任履行水平。因此，在影响企业社会责任的过程中，不同的公司治理水平可能会对社会信任的影响做出不同反馈。为检验这一思路，本章进一步提出以下假设：

假设 5-2：较高的公司治理水平可以削弱社会信任对企业社会责任的影响。

社会信任作为一种社会文化，不仅影响着企业及其管理者，也对当地普通公众的道德规范和行为准则形成了约束和正向影响。信任作为一种道德规范和行为约束，在对违法行为进行惩罚的同时，也会奖励符合社会规范的行为（Lins et al.，2017）。因此社会公众会将企业考虑利益相关者诉求、积极履行社会责任的决策视作符合规范的行为，并对此做出积极的回应。

林斯（Lins et al.，2017）认为，企业履行社会责任可以提高自身的社会声誉和资本，同时提高投资者对企业的信心，进而提高企业绩效。企业履行社会责任可以有效降低企业面临的各类风险（El Ghoul et al.，2016），同时提高企业的财务表现（Flammer，2015）。社会信任水平较高的地区，更有利他意识，政府和公众更鼓励企业的利他行为（如履行社会责任），社会责任行为可以帮助企业获取投资者信心，最终提升企业的市场绩效（Lins et al.，2017）。正因如此，位于高社会信任地区的企业才更有动力战略性地履行企业社会责任，以获取投资者的认可，并寻求自身活动的合法性。为验证这一观点，本章从社会责任与企业绩效出发，提出第三个假设：

假设5-3：企业社会责任能够提高企业绩效，且在高社会信任水平地区更明显。

# 第三节　研究设计

## 一、样本选择

本章以2009—2018年参与润灵环球责任评级的公司为研究样本①。为了保证数据的准确性，对数据做以下处理：①剔除金融行业的公司样本；②剔除变量中存在数据缺失的公司样本；③对所有连续型变量按年度在1%和99%分位数上进行winsorize缩尾处理。经过筛选得到6 001个公司—年度样本。

## 二、变量描述和数据来源

### （一）因变量定义

本章研究的被解释变量是企业社会责任，用CSR表示，参考权小锋等（2015）、劳等（Lau et al., 2016）以及曾爱民等（2020），本章使用润灵环球提供的企业社会责任报告评级数据。润灵环球是中国一家独立且业界领先的第三方企业社会责任评级机构，它主要为中国上市公司发布的企业社会报告提供评级。根据《润灵环球MCT社会责任报告评级体系2012》，该评级体系积极参考最新国际权威社会责任标准ISO26000，从整体性（Macrocosm）、内容性（Content）、技术性（Technique）和行业性（Industry）四个零级指标出发，分别设立一级指标和二级指标进行全面评级。在稳健性检验中，本章将这一指标替换为中国研究数据服务平台（Chinese Research Data Services，CNRDS）提供的企业在环境保护（Envi-

---

① 这一统计区间是目前已知可得的最完整的润灵环球数据区间。

ronment）和雇员关系（Employee）等方面的社会责任体现①。

（二）自变量定义

本章的主要解释变量是企业所在地区的社会信任水平，用 Trust 表示。参考吴等（Wu et al.，2014）和张茵等（2017），本章采用由张维迎和柯荣住（2002）委托"中国企业家调查系统"（Chinese Enterprise Survey System，CESS）在 2000 年对全国进行的问卷调查数据。该调查向全国 31 个省（不含港、澳、台）的 15 000 多家企业发出问卷，回收有效问卷 5 000 多份。有关信任的问题设计是"根据您的经验，您认为哪五个地区的企业比较守信用（按顺序排列）?"数据库采用各地区名列位次的占比的加权平均值计算信任分数，排名第一的地区原始分数为 5，排名第二的地区原始分数为 4，依此类推。然后，通过分配的原始分数的加权平均值计算每个省的信任分数②。在稳健性检验中，参考李等（Li et al.，2019），本章使用地区非政府机构数量（NGO）、献血率（Blood）和具有省级代表性的中国家庭金融调查数据（Trust_chfs）作为社会信任的代理变量。其中，非政府机构数据来自中国研究数据服务平台③。献血率数据来源于中国输血协会 2011 年的地区自愿献血率，计算方法为该地区自愿献血人数除以该地区的常住人口总数。CHFS 用以衡量信任的指标，来自问卷中的问题"您对初次见面的人（不认识的人）的信任程度如何?"备选项为"非常不信任""不太信任""一般""比较信任"或者"非常信任"，本章对这五项选

---

① 具体而言，环境保护方面的社会责任评估主要由以下 8 个指标组成：公司是否开发或运用了对环境有益的创新产品、设备或技术，是否为减少废气、废水、废渣和温室气体排放而采取了政策、措施或技术，是否使用可再生能源或采用循环经济的政策、措施，是否有节约能源的政策措施或技术，是否有绿色办公政策或者措施，是否获得了环境表彰或者其他正面评价，公司环境管理系统是否通过 ISO 14001 认证，以及上述未涉及的公司环境方面的其他优势。雇员关系方面的社会责任评估包括 8 个指标：公司是否强烈鼓励员工通过股票期权的形式参与或拥有公司所有权（包括分享收益，拥有股票，分享财务信息，参与管理决策的制定；或公司设立薪酬激励机制），是否有非常好的退休及其他福利项目，是否采用了安全生产管理体系，是否进行了安全生产方面的培训，是否进行了职业安全方面的认证，是否对员工进行了职业培训，是否有较好的沟通渠道让员工意见或建议传达到高层，以及上述未涉及的公司治理方面的其他优势。

② 例如，北京排名第一的百分比占 16.6%，第二名占 11.3%，第三名占 8.3%，第四名占 5.5%，第五名占 4.9%。因此，北京的信任水平为 169%（16.6%×5+11.3%×4+8.3%×3+5.5%×2+4.9%×1）。

③ 为了调整系数大小，本章将原本的非政府组织数量除以 100 进行回归。

择分别赋值为 1、2、3、4 和 5，然后对每个地区的所有受访居民计算平均值，得到该地的社会信任水平①。

（三）治理水平及企业绩效变量

为了检验企业内外部治理水平的调节作用和社会信任、企业社会责任和企业绩效之间的关系，本章考虑了衡量治理水平（Governance）的变量，分别为董事会女性占比（Female）、外资参股比例（Foreign）、市场化程度（Market）和法律保护水平（Legal）。本章还考虑了企业绩效变量（Performance），分别为系统性风险（Risk）和融资约束（Constraints）。

（四）控制变量

参考麦吉尼斯等（McGuinness et al.，2017）和郭等（Guo et al.，2018），本章的控制变量主要选取公司特征变量、董事会特征变量和企业所在地区特征变量。公司特征变量，本章选择了企业规模（Size）、资产负债率（Leverage）、上市年限（Age）、资产收益率（ROA）、企业性质（SOE）、机构持股比例（Ins-Share）。另外，还考虑了是否自愿披露社会责任报告（Voluntary）和是否同时在 H 股上市（CrossList）。董事会特征变量选取了董事会人数（B-Size）、独立董事占比（B-Indep）、有海外经历的董事占比（B-F-Exp）和高等教育学历的董事占比（B-Educ）。同时，本章控制了企业所在省份的特征变量，包括地区生产总值（GDP）和高等教育人数占比（HighEduc）。其中，公司层面的所有变量均来自国泰安数据库，地区层面的数据来自国家统计局。同时，还控制了年份固定效应（Year）和行业固定效应（Industry）。行业信息来自 2012 年中国证券监督管理委员会修订的《上市公司行业分类指引》。具体的变量选取和变量定义见表 5-1。

---

① 本章使用 CHFS2013 年、2015 年和 2017 年的调查中关于信任的数据，并对三年的信任水平取平均值作为地区的社会信任水平。

表 5-1　变量选取和变量定义

| 变量类型 | 变量符号 | 变量名称 | 变量定义 |
|---|---|---|---|
| 因变量 | CSR | 企业社会责任 | "润灵环球"提供的企业社会责任评级得分 |
| | Environment | 企业环境保护表现 | 企业在环境保护决策过程中的社会责任表现 |
| | Employee | 企业雇员关系表现 | 企业在雇员关系决策过程中的社会责任表现 |
| 自变量 | Trust | 社会信任 | 中国企业家调查系统的信任水平 |
| | NGO | 非政府组织数量 | 非政府组织数量 |
| | Blood | 献血率 | 献血人数/常住人口数 |
| | Trust_chfs | CHFS 社会信任 | CHFS 调查数据中的受访居民平均信任程度 |
| 控制变量 | Size | 企业规模 | 总资产的自然对数 |
| | Leverage | 资产负债率 | 总负债÷总资产 |
| | Age | 上市年限 | 企业上市的时间 |
| | ROA | 资产收益率 | 净利润÷总资产 |
| | SOE | 企业性质 | 国有企业为 1，否则为 0 |
| | Ins-Share | 机构持股比例 | 机构投资者持股占公司总股份比例 |
| | Voluntary | 是否自愿披露报告 | 自愿披露为 1，否则为 0 |
| | CrossList | 是否同时在 H 股上市 | 在 H 股上市为 1，否则为 0 |
| | B-Size | 董事会人数 | 董事会董事人数 |
| | B-Indep | 独立董事占比 | 独立董事占比 |
| | B-F-Exp | 有海外经历的董事占比 | 具有海外经历的董事占比 |
| | B-Educ | 高等教育学历的董事占比 | 高等教育学历的董事占比 |
| | GDP | 国内生产总值 | 地区生产总值 |
| | HighEduc | 高等教育人数占比 | 地区高等教育人数占比 |

表5-1(续)

| 变量类型 | 变量符号 | 变量名称 | 变量定义 |
|---|---|---|---|
| 治理水平 | Female | 董事会女性占比 | 女性董事占比 |
| | Foreign | 外资持股 | 外资参股比例 |
| | Market | 市场化程度 | 地区市场化程度 |
| | Legal | 法律保护水平 | 地区法律保护水平 |
| 企业绩效 | Risk | 系统性风险 | 个股年 $\beta$ 系数 |
| | Constraints | 融资约束 | SA 指数 |
| 固定效应 | Year | 年份固定效应 | 年份虚拟变量 |
| | Industry | 行业固定效应 | 行业虚拟变量 |

注：表5-1总结了本章实证研究的主要变量选取及具体定义。

### 三、模型设定

为了验证前文提出的假设，本章构建以下模型：

$$\text{CSR}_{it} = \beta_0 + \beta_1 \text{Trust}_i + \beta_2 \text{Controls}_{i(t-1)} + \text{Year} + \text{Industry} + \varepsilon_{it} \quad (5\text{-}1)$$

$$CSR_{it} = \beta_0 + \beta_1 \text{Trust}_i + \beta_2 \text{Governance}_{it} + \beta_3 \text{Trust}_i \times$$
$$\text{Governance}_{it} + \beta_4 \text{Controls}_{i(t-1)} + \text{Year} + \text{Industry} + \varepsilon_{it} \quad (5\text{-}2)$$

$$\text{Performance}_{its} = \beta_0 + \beta_1 \text{CSR}_{i(t-1)s} + \beta_2 \text{Controls}_{i(t-1)s} +$$
$$\text{Year} + \text{Industry} + \varepsilon_{its} \quad (5\text{-}3)$$

模型（5-1）、（5-2）、（5-3）分别用以检验假设5-1、5-2、5-3。在模型（5-1）和（5-2）中，CSR 代表企业社会责任的履行表现，Trust 代表公司企业所在地区的社会信任水平，Governance 代表企业内外部治理水平。$\beta_0$ 为常数项，Controls 表示控制变量，Year 和 Industry 分别表示年度和行业的固定效应，$\varepsilon$ 为残差项。脚标 $i$、$t$ 分别表示 $i$ 公司在第 $t$ 年的观测值。模型（5-3）中的 Performance 代表企业绩效，Controls 代表文献中常用的与系统性风险和融资约束相关的控制变量，脚标 $s$ 是样本代号，表示所使用样本为全样本或企业所在地为高或低社会信任地区，其他变量及脚标设置同前。本章使用的是面板数据的混合 OLS 模型，模型（5-1）和（5-2）在省份和年度层面上对标准误进行聚类修正，模型（5-3）在企业层面上对标准误进行聚类修正。为了降低同年企业社会责任、企业绩效与控制变量间存在的双向因果，除 Voluntary 外的所有控制变量均做滞后一期处理。

## 第四节　实证结果分析

### 一、描述性统计

表5-2报告了本章使用的主要研究变量的描述性统计，在 6 001 个公司—年度样本中，社会责任的平均得分为 39.91，标准差为 12.4，可以看出目前国内上市公司的社会责任履行情况普遍较差，且水平差异较大。同时，在环境保护和雇员关系表现中，企业的得分均值都较低，且标准差较大，说明企业在有关社会责任的各方面履行表现都有待提高。通过四种社会信任水平变量的统计结果可以发现，我国社会信任水平的地区差异较大，这为社会信任的差异性提供了数据条件。另外，仅 42.6% 的公司自愿披露社会责任报告，企业对报告披露的自主性仍需提高。其余公司特征变量的描述性统计结果与以往文献选取样本的汇报结果类似，说明本章使用的研究样本具有代表性和有效性。

表 5-2　描述性统计

| 变量 | 样本量/个 | 平均值 | 标准差 | 最小值 | 中位数 | 最大值 |
|---|---|---|---|---|---|---|
| CSR | 6 001 | 39.91 | 12.4 | 11.69 | 37.36 | 89 |
| Environment | 5 942 | 3.049 | 1.66 | 0 | 3 | 8 |
| Employee | 5 942 | 4.468 | 1.58 | 0 | 4 | 8 |
| Trust | 6 001 | 0.938 | 0.719 | 0.027 | 0.962 | 2.189 |
| NGO | 6 001 | 166.6 | 213.7 | 0 | 68 | 829 |
| Blood | 5 983 | 1.179 | 0.395 | 0.611 | 1.092 | 1.912 |
| Trust_chfs | 5 900 | 2.41 | 0.127 | 2.054 | 2.411 | 2.576 |
| Size | 6 001 | 22.96 | 1.437 | 19.84 | 22.82 | 27.27 |

表5-2(续)

| 变量 | 样本量/个 | 平均值 | 标准差 | 最小值 | 中位数 | 最大值 |
|---|---|---|---|---|---|---|
| Leverage | 6 001 | 0.489 | 0.199 | 0.045 | 0.502 | 0.916 |
| Age | 6 001 | 13.46 | 6.167 | 1 | 14 | 29 |
| ROA | 6 001 | 0.047 | 0.051 | −0.244 | 0.04 | 0.279 |
| SOE | 6 001 | 0.623 | 0.485 | 0 | 1 | 1 |
| Ins-Share | 6 001 | 0.562 | 0.224 | 0.105 | 0.594 | 0.956 |
| Voluntary | 6 001 | 0.426 | 0.495 | 0 | 0 | 1 |
| CrossList | 6 001 | 0.099 | 0.299 | 0 | 0 | 1 |
| B-Size | 6 001 | 10.91 | 3.203 | 5 | 10 | 27 |
| B-Indep | 6 001 | 0.376 | 0.076 | 0 | 0.364 | 0.636 |
| B-F-Exp | 6 001 | 0.106 | 0.122 | 0 | 0.091 | 0.6 |
| B-Educ | 6 001 | 0.653 | 0.354 | 0 | 0.824 | 1 |
| GDP | 6 001 | 6.52 | 3.168 | 0.97 | 6.195 | 13.76 |
| HighEduc | 6 001 | 0.176 | 0.116 | 0.017 | 0.13 | 0.476 |

注：表5-2汇报了本章实证研究的主要变量的描述性统计结果。部分变量由于数据来源本身的统计问题，缺失了部分样本。

## 二、基本回归结果

表5-3汇报了社会信任水平与企业社会责任的基础回归结果，列（1）至列（4）分别汇报了分步添加控制变量的结果，所有模型的社会信任水平回归系数均在1%置信水平下显著为正。列（4）的结果表明，在其他条件不变的情况下，地区社会信任水平每增加一个标准差，该省的企业社会责任会提高2.861分。说明企业所在地的社会信任水平对企业社会责任的履行有着显著的正向促进作用，验证了假设5-1。该估计结果不仅在统计上显著，更具有重要的现实意义。我国企业目前的社会责任平均得分在40分，因此提高2.861分对于企业和社会来说，都具有重要的价值。该结果同时也揭示了，促进企业的社会责任履行，提高社会信任水平是可行的尝试。

表 5-3　基本回归结果

| 变量 | (1)<br>CSR | (2)<br>CSR | (3)<br>CSR | (4)<br>CSR |
|---|---|---|---|---|
| Trust | 2.733 ***<br>(0.223) | 1.578 ***<br>(0.295) | 1.407 ***<br>(0.274) | 3.979 ***<br>(0.545) |
| Size | | 3.802 ***<br>(0.136) | 3.608 ***<br>(0.137) | 3.628 ***<br>(0.146) |
| Leverage | | -3.914 ***<br>(0.877) | -3.516 ***<br>(0.864) | -3.739 ***<br>(0.876) |
| Age | | -0.137 ***<br>(0.022) | -0.116 ***<br>(0.024) | -0.142 ***<br>(0.026) |
| ROA | | 9.720 ***<br>(2.533) | 9.164 ***<br>(2.475) | 7.104 ***<br>(2.461) |
| SOE | | 1.233 ***<br>(0.368) | 1.494 ***<br>(0.374) | 1.750 ***<br>(0.380) |
| Ins-Share | | 0.025 ***<br>(0.007) | 0.023 ***<br>(0.007) | 0.027 ***<br>(0.007) |
| Voluntary | | 1.528 ***<br>(0.308) | 1.367 ***<br>(0.318) | 1.196 ***<br>(0.311) |
| CrossList | | 4.254 ***<br>(0.744) | 3.272 ***<br>(0.726) | 3.347 ***<br>(0.718) |
| B-Size | | | 0.098 **<br>(0.045) | 0.097 **<br>(0.045) |
| B-Indep | | | -2.334<br>(1.603) | -2.259<br>(1.600) |
| B-F-Exp | | | 8.837 ***<br>(1.505) | 8.322 ***<br>(1.487) |
| B-Educ | | | 1.001 *<br>(0.518) | 0.717<br>(0.481) |
| GDP | | | | -0.391 *<br>(0.201) |
| HighEduc | | | | -11.187 ***<br>(2.575) |
| Constant | 25.739 ***<br>(1.339) | -56.498 ***<br>(2.436) | -52.553 ***<br>(2.599) | -52.218 ***<br>(2.810) |
| 年份固定效应 | 控制 | 控制 | 控制 | 控制 |

表5-3(续)

| 变量 | (1)<br>CSR | (2)<br>CSR | (3)<br>CSR | (4)<br>CSR |
|---|---|---|---|---|
| 行业固定效应 | 控制 | 控制 | 控制 | 控制 |
| 样本量/个 | 6 001 | 6 001 | 6 001 | 6 001 |
| $R^2$ | 0.143 | 0.323 | 0.330 | 0.339 |

注：表5-3汇报了本章实证研究的基本回归结果。因变量为企业社会责任，使用润灵环球评级数据衡量。自变量为社会信任，采用中国企业家调查系统的社会信任数据衡量。括号内为稳健的标准误，在省份—年度层面上聚类修正。\*\*\*、\*\*、\*分别表示在1%、5%、10%的置信水平下显著。

值得注意的是，大型企业、国有企业和自愿披露社会责任信息的企业通常社会责任表现更佳，这是由于大型企业通常具有更成熟的经营模式和更稳定的盈利表现，因此它们可能将发展重心转移至可持续经营，承担起相应的环境责任和社会责任。而国有企业可以通过内部控制督促自身的经济活动，一旦出现违规行为，可以立即施以严厉的行政或法律惩罚。企业社会责任作为响应国家绿色发展号召的经济决策，其被合理、顺利地履行也会受到公司内部股权结构的监督，所以这些企业也会更自觉地履行社会责任。另外，对于自愿披露信息的企业，其本身就具有更积极的可持续发展理念，因此会注重社会责任履行。

### 三、稳健性检验

为了检验上述结果的稳健性，本章分别更换了社会信任和企业社会责任的衡量标准，对表5-3中列（4）的结果进行稳健性检验。参考李等（Li et al.，2019），本章使用地区非政府机构数量（NGO）、献血率（Blood）和中国家庭金融调查中有关居民信任的数据（Trust_chfs）作为社会信任的代理变量。另外，本章将社会责任替换为中国研究数据服务平台提供的企业在环境保护（Environment）和雇员关系（Employee）等方面的社会责任体现。

表5-4的结果表明，更换社会责任和社会信任的衡量指标后，本章的研究结果依旧稳健。具体来说，其他条件不变，当使用非政府组织数量作

为社会信任水平的代理变量时，该水平每增加一个标准差，当地企业的社会责任表现会提高 1.326 分；当献血率增加一个标准差时，企业的社会责任表现提高 1.485 分；在 CHFS 数据中，当地信任水平每增加一个标准差，当地企业的社会责任表现得分提高 0.969 分。此外，在更换社会责任的代理变量后，社会信任水平每增加一个标准差，企业在环境保护和雇员关系决策过程中的社会责任表现分别提高 0.250 分和 0.173 分，且均在 1%的置信水平下显著。

表 5-4　稳健性检验

| 变量 | (1) CSR | (2) CSR | (3) CSR | (4) Environment | (5) Employee |
|---|---|---|---|---|---|
| NGO | 0.544*** (0.203) | | | | |
| Blood | | 3.990*** (1.473) | | | |
| Trust_chfs | | | 7.290*** (1.361) | | |
| Trust | | | | 0.348*** (0.071) | 0.241*** (0.073) |
| Size | 3.696*** (0.145) | 3.689*** (0.145) | 3.658*** (0.144) | 0.366*** (0.022) | 0.102*** (0.016) |
| Leverage | −4.199*** (0.847) | −3.870*** (0.876) | −3.878*** (0.869) | 0.035 (0.121) | 0.051 (0.114) |
| Age | 7.570*** (2.468) | 7.294*** (2.480) | 7.127*** (2.484) | 0.618 (0.428) | −0.076 (0.399) |
| ROA | 0.026*** (0.007) | 0.020*** (0.007) | 0.024*** (0.007) | 0.003 (0.011) | 0.002** (0.001) |
| SOE | 1.603*** (0.382) | 1.707*** (0.384) | 1.926*** (0.379) | 0.079 (0.061) | 0.152*** (0.054) |
| Ins−Share | −0.113*** (0.024) | −0.103*** (0.025) | −0.118*** (0.025) | 0.009** (0.005) | −0.009** (0.004) |
| Voluntary | 1.138*** (0.323) | 1.098*** (0.321) | 1.056*** (0.330) | −0.031 (0.046) | −0.117*** (0.039) |
| CrossList | 3.312*** (0.710) | 3.415*** (0.705) | 3.310*** (0.704) | 0.201** (0.078) | 0.152** (0.063) |

表5-4(续)

| 变量 | （1）CSR | （2）CSR | （3）CSR | （4）Environment | （5）Employee |
|---|---|---|---|---|---|
| B-Size | 0.093 ** | 0.103 ** | 0.096 ** | 0.015 ** | 0.020 *** |
| | (0.044) | (0.045) | (0.045) | (0.006) | (0.006) |
| B-Indep | −1.936 | −1.861 | −1.767 | −0.029 | −0.621 *** |
| | (1.649) | (1.662) | (1.684) | (0.263) | (0.233) |
| B-F-Exp | 9.383 *** | 9.048 *** | 8.852 *** | 0.538 *** | 0.208 |
| | (1.505) | (1.523) | (1.548) | (0.180) | (0.143) |
| B-Educ | 0.517 | 0.614 | 0.742 | 0.114 | 0.170 *** |
| | (0.474) | (0.494) | (0.492) | (0.073) | (0.064) |
| GDP | 0.621 *** | 0.506 *** | 0.720 *** | −0.001 | 0.035 |
| | (0.155) | (0.185) | (0.149) | (0.023) | (0.023) |
| HighEduc | −22.718 *** | −24.564 *** | −20.456 *** | −2.167 *** | −1.580 *** |
| | (4.216) | (4.577) | (3.526) | (0.452) | (0.381) |
| Constant | −53.970 *** | −57.510 *** | −71.379 *** | −6.296 *** | 0.275 |
| | (2.760) | (2.821) | (4.178) | (0.486) | (0.395) |
| 年份固定效应 | 控制 | 控制 | 控制 | 控制 | 控制 |
| 行业固定效应 | 控制 | 控制 | 控制 | 控制 | 控制 |
| 样本量/个 | 6 001 | 5 983 | 5 900 | 5 942 | 5 942 |
| $R^2$ | 0.336 | 0.333 | 0.336 | 0.211 | 0.243 |

注：表5-4汇报了本章实证研究的稳健性检验结果。社会信任的衡量方式分别替换为非政府组织数量（NGO）、献血率（Blood）以及中国家庭金融调查数据（Trust_chfs）。企业社会责任的衡量方式分别替换为企业在环境保护（Environment）和雇员关系（Employee）等方面的社会责任体现，数据来源为中国研究数据服务平台。括号内为稳健的标准误，在省份—年度层面上聚类修正。*** 、** 、* 分别表示在1%、5%、10%的置信水平下显著。

## 四、内生性问题分析

社会信任水平对企业社会责任的影响存在内生性问题，可能的来源有两点：一方面，刘计含和王建琼（2017）提出传统文化等因素可能影响企业的社会责任履行，而文化在一定程度上属于不可测量因素，因此遗漏变量问题是本章的内生性来源之一；另一方面，社会责任表现更好的企业可能会主动选择将总部设立在信任水平更高的地区，即样本可能存在选择偏误。本章首先使用倾向得分匹配（PSM）的方法对样本进行匹配，并使用匹配后的样本作均值比较和 OLS 回归。同时，本节引入工具变量的方法，使用两阶段最小二乘法（2SLS）以解决内生性问题。

（一）PSM 方法

本章首先使用 PSM 方法对样本进行匹配，这一方法也被学界广泛使用。在匹配得分相同的情况下，实验组和对照组的结果与是否接受处理是条件独立的，因此 PSM 方法可以在一定程度上解决样本选择偏误的问题。首先，本节根据社会信任水平的中位数将地区分为高信任水平和低信任水平两组，并将高信任水平地区视为实验组，低信任水平地区为对照组。然后，本节对实验组和对照组的样本进行倾向得分匹配，使用到的协变量包括：企业规模、杠杆率、资产回报率、机构投资者持股和年份。为了保证匹配结果的稳健性，本章尝试了多种匹配模型。最后，本节使用匹配后的样本进行均值检验，并使用模型（5-1）重新回归。如表 5-5 所示，在使用 PSM 方法后，结果仍然稳健。在 A 栏的均值检验中，高社会信任水平地区的企业平均社会责任得分在 40 分，而低社会信任水平地区的企业平均得分仅有 38 分，且在五种匹配模型中，这一差异均在 1% 的置信水平下显著。在使用匹配后的样本进行基础模型回归后，结果如 B 栏所示，社会信任对企业社会责任的正向影响依然显著，且系数较表 5-3 的结果更大，说明 OLS 的回归结果低估了社会信任的作用。

表 5-5　倾向得分匹配结果

| A 栏：均值检验 | | | | | | | |
|---|---|---|---|---|---|---|---|
| | 实验组：高社会信任水平地区 | | | 对照组：低社会信任水平地区 | | | 组间差异 | T 值 |
| 模型一：1∶4 近邻匹配 | | | | | | | | |
| | 样本量/个 | 均值 | 标准差 | 样本量/个 | 均值 | 标准差 | 组间差异 | T 值 |
| CSR | 3 173 | 40. 625 | 0. 231 | 2 346 | 38. 115 | 0. 212 | 2. 509*** | 7. 725 |
| 模型二：半径（卡尺）匹配 | | | | | | | | |
| | 样本量/个 | 均值 | 标准差 | 样本量/个 | 均值 | 标准差 | 组间差异 | T 值 |
| CSR | 3 606 | 41. 142 | 0. 223 | 2 430 | 37. 952 | 0. 208 | 3. 190*** | 9. 949 |

表5-5(续)

| A栏：均值检验 | | | | | | | |
|---|---|---|---|---|---|---|---|
| | 实验组:高社会信任水平地区 | | | 对照组:低社会信任水平地区 | | | 组间差异 | T值 |
| 模型三：核匹配 | | | | | | | |
| | 样本量/个 | 均值 | 标准差 | 样本量/个 | 均值 | 标准差 | 组间差异 | T值 |
| CSR | 3 606 | 41. 142 | 0. 223 | 2 432 | 37. 945 | 0. 208 | 3. 197 *** | 9. 975 |
| 模型四：局部线性回归匹配 | | | | | | | |
| | 样本量/个 | 均值 | 标准差 | 样本量/个 | 均值 | 标准差 | 组间差异 | T值 |
| CSR | 1 573 | 40. 204 | 0. 319 | 1 569 | 38. 773 | 0. 261 | 1. 430 *** | 3. 464 |
| 模型五：马氏匹配 | | | | | | | |
| | 样本量/个 | 均值 | 标准差 | 样本量/个 | 均值 | 标准差 | 组间差异 | T值 |
| CSR | 2 806 | 39. 857 | 0. 232 | 2 286 | 37. 999 | 0. 213 | 1. 859 *** | 5. 796 |

| B栏：匹配后回归结果 | | | | | |
|---|---|---|---|---|---|
| 模型 | 1:4<br>近邻匹配 | 半径（卡尺）<br>匹配 | 核匹配 | 局部线性<br>回归匹配 | 马氏匹配 |
| Trust | 4. 092 *** | 3. 999 *** | 3. 999 *** | 4. 591 *** | 4. 000 *** |
| | (0. 523) | (0. 534) | (0. 534) | (0. 598) | (0. 557) |
| Size | 3. 404 *** | 3. 532 *** | 3. 532 *** | 3. 206 *** | 2. 985 *** |
| | (0. 153) | (0. 147) | (0. 147) | (0. 195) | (0. 156) |
| Leverage | −2. 958 *** | −3. 431 *** | −3. 425 *** | −1. 905 | −2. 922 *** |
| | (0. 889) | (0. 866) | (0. 866) | (1. 350) | (0. 879) |
| Age | 9. 048 *** | 7. 010 *** | 7. 061 *** | 9. 597 ** | 7. 648 ** |
| | (2. 753) | (2. 585) | (2. 580) | (4. 015) | (3. 059) |
| ROA | 0. 026 *** | 0. 027 *** | 0. 027 *** | 0. 032 *** | 0. 033 *** |
| | (0. 008) | (0. 007) | (0. 007) | (0. 011) | (0. 008) |
| SOE | 1. 635 *** | 1. 686 *** | 1. 686 *** | 1. 101 ** | 0. 892 ** |
| | (0. 416) | (0. 385) | (0. 385) | (0. 528) | (0. 405) |
| Ins−Share | −0. 117 *** | −0. 128 *** | −0. 128 *** | −0. 116 *** | −0. 082 *** |
| | (0. 027) | (0. 028) | (0. 028) | (0. 033) | (0. 030) |
| Voluntary | 1. 283 *** | 1. 151 *** | 1. 150 *** | 1. 121 *** | 1. 020 *** |
| | (0. 303) | (0. 308) | (0. 308) | (0. 414) | (0. 309) |
| CrossList | 2. 733 *** | 3. 184 *** | 3. 183 *** | 1. 209 | 2. 780 *** |
| | (0. 740) | (0. 731) | (0. 732) | (0. 942) | (0. 783) |
| B−Size | 0. 115 *** | 0. 099 ** | 0. 099 ** | 0. 133 ** | 0. 135 *** |
| | (0. 044) | (0. 044) | (0. 044) | (0. 059) | (0. 046) |

表5-5（续）

| 模型 | 1:4 近邻匹配 | 半径（卡尺）匹配 | 核匹配 | 局部线性回归匹配 | 马氏匹配 |
|---|---|---|---|---|---|
| B-Indep | −2.394 | −1.398 | −1.393 | −2.399 | −5.050*** |
| | (1.714) | (1.706) | (1.705) | (2.168) | (1.762) |
| B-F-Exp | 7.730*** | 8.335*** | 8.336*** | 4.997** | 7.089*** |
| | (1.553) | (1.494) | (1.494) | (2.045) | (1.474) |
| B-Educ | 0.705 | 0.765 | 0.767 | 0.461 | 0.159 |
| | (0.480) | (0.489) | (0.488) | (0.598) | (0.525) |
| GDP | −0.447** | −0.390** | −0.390** | −0.710*** | −0.439** |
| | (0.196) | (0.196) | (0.196) | (0.215) | (0.203) |
| HighEduc | −10.441*** | −11.477*** | −11.478*** | −6.551* | −10.631*** |
| | (2.636) | (2.514) | (2.513) | (3.428) | (2.698) |
| Constant | −49.446*** | −52.154*** | −52.168*** | −45.283*** | −39.728*** |
| | (2.929) | (2.787) | (2.783) | (4.014) | (3.047) |
| 年份固定效应 | 控制 | 控制 | 控制 | 控制 | 控制 |
| 行业固定效应 | 控制 | 控制 | 控制 | 控制 | 控制 |
| 样本量/个 | 5 471 | 5 985 | 5 987 | 3 118 | 5 143 |
| $R^2$ | 0.316 | 0.335 | 0.335 | 0.280 | 0.281 |

注：表5-5汇报了本章实证研究的倾向得分匹配结果。A栏汇报了倾向得分匹配后的实验组与对照组的企业社会责任均值比较，B栏汇报了使用匹配后样本进行的OLS回归结果。因变量为企业社会责任，使用润灵环球评级数据衡量。自变量为社会信任，采用中国企业家调查系统的社会信任数据衡量。括号内为稳健的标准误，在省份—年度层面上聚类修正。\*\*\*、\*\*、\*分别表示在1%、5%、10%的置信水平下显著。

## （二）工具变量法

本章进一步使用工具变量方法解决内生性问题。参考昂等（Ang et al.，2015），本节使用地区语言多样性作为社会信任的工具变量，并使用两阶段最小二乘法估计回归结果。参考徐现祥等（2015），本章根据《汉语方言大词典》计算出各地区汉语方言片数量（Dialect），并以此作为语言多样性的代理变量。我国是一个拥有八十余种方言的多语言国家，根据中国社会科学院语言研究所的统计，尽管我国有95%的人口说汉语，但各地区方言差异很大。各式各样的方言阻碍了语言交流，增加了人们的心理距离，不利于增进彼此的身份认同感，从而对沟通过程和信任水平产生负面影响（戴亦一 等，2016）。因此，方言会阻碍社会信任的形成。

一个有效的工具变量需要满足两个条件：相关性和外生性。一来，古西奥等（Guiso et al.，2009）发现语言的差异化是造成欧洲各国双边信任下降的原因之一。黄玖立和刘畅（2017）指出，在陌生人之间，使用同一种方言有利于建立信任。因此，语言多样性可以降低地区的信任水平，即两者之间存在负向相关性。二来，昂等（Ang et al.，2015）指出，在考察社会信任的经济后果时，语言多样性是相对严格的外生变量，因此不太可能受到企业经济活动的影响。由此看来，语言多样性符合有效工具变量的标准。

表 5-6 汇报了使用工具变量的回归结果。第 1 列展示了第一阶段的回归结果，汉语方言片数量的系数在 1% 的置信水平下显著为负，说明语言多样性较高的地区，居民的社会信任水平相对较低。且一阶段的 F 值为135.09，大于 10，通过了弱工具变量检验，说明语言多样性可以很好地作为社会信任水平的工具变量。第 2 列为第二阶段的回归结果，社会信任的系数在 1% 的置信水平下显著为正，说明社会信任水平能显著提高企业社会责任。并且两阶段最小二乘法的结果表明，使用工具变量解决潜在的内生性问题后，社会信任的系数大于表 5-3 的基础回归结果，即基础回归低估了社会信任对于社会责任的正向影响。由此可知，在解决了内生性问题后，假设 5-1 依然成立，且结果验证了社会信任与企业社会责任之间的正向因果关系。

表 5-6　工具变量回归结果

| 变量 | 第一阶段<br>Trust | 第二阶段<br>CSR |
|---|---|---|
| Dialect | -0.082 *** <br> (0.007) | |
| Trust | | 5.686 *** <br> (0.680) |
| Size | 0.026 *** <br> (0.005) | 3.565 *** <br> (0.153) |
| Leverage | -0.099 *** <br> (0.024) | -3.402 *** <br> (0.891) |
| Age | 0.067 <br> (0.082) | 6.574 *** <br> (2.491) |

表5-6(续)

| 变量 | 第一阶段<br>Trust | 第二阶段<br>CSR |
|---|---|---|
| ROA | −0.001 ***<br>(0.000) | 0.021 ***<br>(0.007) |
| SOE | 0.002<br>(0.013) | 1.819 ***<br>(0.379) |
| Ins−Share | 0.003 ***<br>(0.001) | −0.138 ***<br>(0.028) |
| Voluntary | 0.021 ***<br>(0.007) | 1.145 ***<br>(0.311) |
| CrossList | 0.044 ***<br>(0.011) | 3.332 ***<br>(0.708) |
| B−Size | −0.001<br>(0.001) | 0.101 **<br>(0.045) |
| B−Indep | −0.074<br>(0.047) | −1.635<br>(1.656) |
| B−F−Exp | 0.194 ***<br>(0.032) | 7.698 ***<br>(1.513) |
| B−Educ | −0.003<br>(0.126) | 0.743<br>(0.475) |
| GDP | 0.284 ***<br>(0.015) | −0.802 ***<br>(0.227) |
| HighEduc | −1.997 ***<br>(0.425) | −10.084 ***<br>(2.380) |
| Constant | −0.210<br>(0.130) | −51.728 ***<br>(2.861) |
| 年份固定效应 | 控制 | 控制 |
| 行业固定效应 | 控制 | 控制 |
| 样本量/个 | 5 983 | 5 983 |
| $R^2$ | 0.257 | 0.340 |
| F 统计值 | 135.09 | |

注：表5-6汇报了本章实证研究的工具变量回归结果。因变量为企业社会责任，使用润灵环球评级数据衡量。自变量为社会信任，采用中国企业家调查系统的社会信任数据衡量。工具变量为地区方言多样性，数据来自《汉语方言大词典》。括号内为稳健的标准误，在省份—年度层面上聚类修正。*** 、** 、* 分别表示在1%、5%、10%的置信水平下显著。

### 五、社会信任，企业社会责任与企业治理水平

根据企业的利他动机，企业履行社会责任是一种利他思想和行为的体现。社会信任可以通过决定个人内在标准和价值观、影响社会整体的道德准则等多个层面影响当地个体和组织的行为规范。社会信任水平较高的地区具有更利他的社会规范和鼓励诚实守信行为的社交网络，因此也会约束和规范企业及其管理者，使他们在制定决策时有更多的利他主义思想和表现（Jha，2019）。社会信任主要通过约束和规范企业行为，促进企业的社会责任履行，而社会信任对行为决策的正向激励往往在治理水平较差的企业中更加显著（Li et al.，2017）。当企业因内外部治理水平较差而只顾追求利润，缺乏社会责任意识时，外环境中的社会信任水平所起到的督促作用可能更加明显，因此，本章进一步验证假设5-2，即从企业的内外部治理水平出发，探究社会信任对企业社会责任利他动机的促进作用。

从内部治理环境看，企业管理层和机构投资者的特征都被证实了对企业社会责任的影响。具体来说，麦吉尼斯等（McGuinness et al.，2017）使用中国数据发现，董事会女性占比高和外资参股比例高的企业社会责任表现更好。从外部治理环境看，社会信任作为一种非正式制度，与市场化程度、法律保护水平等正式制度存在替代效应。李等（Li et al.，2019）发现了社会信任与法治化水平和受教育水平等正式制度的替代作用。因此，本章检验治理水平在社会信任影响企业社会责任履行过程中的调节作用，同时进一步验证企业社会责任的利他动机。

具体来说，从内部治理水平看，首先，性别有助于解释存在于社会偏好、态度和心理现象中的广泛差异（DellaVigna et al.，2013）。博尔盖西等（Borghesi et al.，2014）发现，企业董事会性别比例越平均，企业社会责任表现越好。因此，董事会女性占比可以影响企业社会责任决策。本节计算企业的董事会女性人数占比（Female）。其次，近年来随着改革开放的不断深入以及全球化进程的加快，中国吸引了大量发达国家和地区的外资进入。奥等（Oh et al.，2011）发现许多亚洲国家的企业社会责任决策会因为西方国家投资者的参股而受到西方管理实践风格的影响。王海姝等

（2014）指出，来自欧美等发达地区的投资者可能会更积极地履行企业社会责任。因此，外资参股比例也对企业社会责任有正向影响。本节使用企业的外资参股比例（Foreign）。

从外部治理环境看，地区经济发展水平、法律保护环境等正式制度也对企业社会责任的履行有显著影响（Cai et al.，2016）。同时，大量文献表明，社会信任作为一种非正式制度，与众多正式制度存在替代效应（潘越等，2010；Li et al.，2019）。因此，本节考察正式制度（即外部治理水平）的调节作用。参考潘越等（2010），本章选取《中国分省份市场化指数报告（2018）》的市场化指数衡量地区市场化程度（Market），选取市场中介组织的发育和法治环境的排名衡量地区法治化水平（Legal）。

本节使用模型（5-2）对治理水平的调节作用进行分析，结果如表5-7所示，假设5-2得到了验证，即在社会信任影响企业社会责任履行的过程中，企业内外部治理水平有一定的调节作用，主要体现为当治理水平较低时，社会信任的作用更显著。在考察调节作用时，本节引入了社会信任与董事会女性占比（Trust×Female）、外资参股比例（Trust×Foreign）、市场化程度（Trust×Market）以及法律保护水平（Trust×Legal）的交互项。结果表明，社会信任对企业社会责任的促进作用在治理水平较差的企业中更显著。具体来说，社会信任与所有代表高治理水平的虚拟变量的交互系数均显著为负，且差异都至少在10%的置信水平下显著。此外，在所有结果中，Trust的系数仍然保持在1%的置信水平上显著为正，与基础回归结果保持一致。

以上结果表明，当企业由于内外部治理水平较差导致对社会责任的认识不足，暂时无法响应绿色发展理念时，社会信任作为一种道德规范，可以督促企业做出利他行为，在考虑股东利益的同时主动承担对其他利益相关者的责任。因此，上述结果验证了企业社会责任的利他动机。此外，与企业内部治理水平相比，社会信任对外部治理环境的替代作用更加明显，这也印证了文献中关于地区特征对企业社会责任表现影响更强的讨论（Cai et al.，2016）。

表 5-7　社会信任，企业社会责任与企业内外部治理水平

| 变量 | (1)<br>CSR | (2)<br>CSR | (3)<br>CSR | (4)<br>CSR |
|---|---|---|---|---|
| Trust | 4.465***<br>(0.578) | 4.085***<br>(0.547) | 4.684***<br>(0.479) | 5.851***<br>(0.712) |
| Female | 8.277***<br>(1.892) | | | |
| Trust×Female | −3.382**<br>(1.370) | | | |
| Foreign | | 0.345<br>(0.382) | | |
| Trust×Foreign | | −0.578*<br>(0.303) | | |
| Market | | | 0.172***<br>(0.037) | |
| Trust×Market | | | −0.195**<br>(0.076) | |
| Legal | | | | 0.146***<br>(0.040) |
| Trust×Legal | | | | −0.333***<br>(0.098) |
| Size | 3.640***<br>(0.150) | 3.607***<br>(0.149) | 3.629***<br>(0.145) | 3.628***<br>(0.146) |
| Leverage | −3.494***<br>(0.866) | −3.697***<br>(0.878) | −3.751***<br>(0.875) | −3.867***<br>(0.874) |
| Age | 6.513***<br>(2.500) | 7.477***<br>(2.497) | 8.156***<br>(2.535) | 7.678***<br>(2.534) |
| ROA | 0.026***<br>(0.007) | 0.026***<br>(0.007) | 0.024***<br>(0.007) | 0.026***<br>(0.007) |
| SOE | 1.959***<br>(0.391) | 1.680***<br>(0.380) | 1.659***<br>(0.380) | 1.653***<br>(0.381) |
| Ins−Share | −0.141***<br>(0.027) | −0.134***<br>(0.027) | −0.146***<br>(0.027) | −0.135***<br>(0.028) |
| Voluntary | 1.151***<br>(0.309) | 1.163***<br>(0.310) | 1.172***<br>(0.310) | 1.191***<br>(0.310) |
| CrossList | 3.287***<br>(0.712) | 3.270***<br>(0.714) | 3.569***<br>(0.720) | 3.456***<br>(0.720) |

表5-7(续)

| 变量 | (1)<br>CSR | (2)<br>CSR | (3)<br>CSR | (4)<br>CSR |
|---|---|---|---|---|
| B-Size | 0.104**<br>(0.045) | 0.096**<br>(0.044) | 0.086*<br>(0.044) | 0.091**<br>(0.044) |
| B-Indep | −1.883<br>(1.643) | −1.697<br>(1.647) | −1.930<br>(1.643) | −1.849<br>(1.646) |
| B-F-Exp | 8.241***<br>(1.497) | 8.281***<br>(1.494) | 8.269***<br>(1.489) | 8.450***<br>(1.478) |
| B-Educ | 0.680<br>(0.487) | 0.715<br>(0.486) | 0.844*<br>(0.485) | 0.697<br>(0.475) |
| GDP | −0.373*<br>(0.200) | −0.380*<br>(0.198) | 0.043<br>(0.211) | −0.185<br>(0.199) |
| HighEduc | −11.604***<br>(2.534) | −11.532***<br>(2.527) | −15.906***<br>(3.363) | −17.540***<br>(2.826) |
| Constant | −55.357***<br>(2.813) | −52.954***<br>(2.779) | −55.498***<br>(2.861) | −54.606***<br>(2.832) |
| 年份固定效应 | 控制 | 控制 | 控制 | 控制 |
| 行业固定效应 | 控制 | 控制 | 控制 | 控制 |
| 样本量/个 | 6 001 | 6 001 | 6 001 | 6 001 |
| $R^2$ | 0.341 | 0.340 | 0.343 | 0.342 |

注：表5-7汇报了本章实证研究的企业治理水平对社会信任和企业社会责任关系的调节作用结果。因变量为企业社会责任，使用润灵环球评级数据衡量。自变量为社会信任，采用中国企业家调查系统的社会信任数据衡量。企业内部治理水平使用董事会女性占比和外资参股比例衡量。企业外部治理水平使用市场化程度和法律保护水平衡量。括号内为稳健的标准误，在省份—年度层面上聚类修正。***、**、*分别表示在1%、5%、10%的置信水平下显著。

## 六、社会信任，企业社会责任与企业绩效

企业履行社会责任，除了出于利他动机外，还可能出于战略动机。承担社会责任可以帮助企业提升战略地位、获得声誉资本等战略性资源（Porter & Kramer，2002）。林斯等（Lins et al.，2017）指出，企业的社会责任行为可以帮助企业在利益相关者中获取社会资本和投资信心。企业的社会资本可以帮助企业在金融危机来临时更好地稳定投资者信心，从而获

得较好的市场表现。根据组织合法性理论，企业需要更好地获得利益而被动地寻求其合法性。结合社会责任的战略动机，企业履行社会责任可以迎合利益相关者的诉求，因为关注其他利益相关者的利益会增加他们支持公司运营的意愿，从而增加股东财富。

实证研究从降低企业风险、降低融资成本以及提高企业财务绩效等方面证实了企业社会责任的战略意义。尹开国等（2014）认为，履行社会责任可以有效提高企业价值和企业的财务绩效。埃尔古勒（El Ghoul et al.,2016）发现企业社会责任能够显著降低企业系统性风险。社会责任也可以减少企业融资成本（Zerbib，2019）。此外，社会责任有助于企业获得来自银行和投资者的金融资源，缓解企业面临的融资约束问题（顾雷雷 等，2020）。

信任作为一种道德规范和行为约束，会奖励符合社会规范的行为（Lins et al.，2017）。在高社会信任地区生活的公众，会受到当地道德规范和行为准则的影响，可能会将企业考虑利益相关者诉求、积极履行社会责任的决策视作符合规范的行为，并对此做出积极的回应。因此，位于高社会信任地区的企业才更有动力战略性地履行企业社会责任，以寻求自身活动的合法性。

为检验企业社会责任的市场价值和战略意义，本节以系统性风险和融资约束为例，考察企业履行社会责任对这两者的影响，同时考察社会信任是否会通过提高企业绩效，来激励企业进行社会责任相关活动。本节使用市场模型计算个股年 $\beta$ 系数，作为企业系统性风险的代理变量，计算过程中选取沪深 300 指数作为市场指数。对于融资约束，参考鞠晓生等（2013），本节选取并不包含内生性特征的融资变量 SA 指数。在考察社会信任对企业社会责任的奖励时，本节按照样本中位数将企业所在地分为高社会信任地区和低社会信任地区，以便进行比较。

本节使用模型（5-3）对企业社会责任的市场价值进行分析，结果如表 5-8 所示，假设 5-3 得到了验证，即企业社会责任能够提高企业绩效，并且社会信任可以进一步促进这一作用。首先，由于近年来政府关于绿色经济、可持续发展的号召，企业履行社会责任可以吸引更多的投资者，增强投资者信心。从表 5-8 中全样本结果看，无论是系统性风险还是融资约束，社会责任表现更好的企业都能够有效降低这两种风险，提升企业的市场绩效。而在分样本分析中，上述作用仅在高社会信任地区显著，表明在此类地区，监管部门和社会公众会更加积极地对企业履行社会责任的行为进行奖励，主要表现为提升企业绩效。正因为履行社会责任可以获得更高的市场绩效，企业（尤其是在社会信任水平更高地区的企业）更有动力进行社会责任活动，这一发现证实了企业社会责任的战略动机。

表 5-8　社会信任，企业社会责任与企业绩效

| | 全样本 | 低社会信任地区 | 高社会信任地区 |
|---|---|---|---|
| A栏：因变量：系统性风险 | | | |
| CSR | −0.072 ** | 0.017 | −0.078 ** |
| | (0.034) | (0.070) | (0.038) |
| Size | −0.045 *** | −0.029 *** | −0.048 *** |
| | (0.007) | (0.008) | (0.009) |
| Leverage | 0.226 *** | 0.159 *** | 0.226 *** |
| | (0.037) | (0.049) | (0.046) |
| Cash | 0.081 *** | 0.040 | 0.099 *** |
| | (0.030) | (0.054) | (0.036) |
| Dividend | −0.001 *** | −0.004 ** | −0.001 *** |
| | (0.000) | (0.002) | (0.000) |
| ROA | −1.055 *** | −1.278 *** | −1.002 *** |
| | (0.132) | (0.213) | (0.177) |
| Age | 0.001 | −0.000 | 0.001 |
| | (0.001) | (0.001) | (0.001) |
| Constant | 1.997 *** | 1.689 *** | 2.027 *** |
| | (0.155) | (0.154) | (0.213) |
| 年份固定效应 | 控制 | 控制 | 控制 |
| 行业固定效应 | 控制 | 控制 | 控制 |
| 样本量/个 | 4 789 | 1 795 | 2 994 |
| $R^2$ | 0.236 | 0.261 | 0.234 |
| B栏：因变量：融资约束 | | | |
| CSR | −0.218 *** | −0.023 | −0.222 *** |
| | (0.018) | (0.016) | (0.019) |
| Size | −0.085 *** | −0.050 *** | −0.107 *** |
| | (0.004) | (0.003) | (0.004) |

表5-8(续)

| | 全样本 | 低社会信任地区 | 高社会信任地区 |
|---|---|---|---|
| Risk | 0.096 | −0.072 | −0.014 |
| | (0.378) | (0.296) | (0.566) |
| PPE | −0.011 | 0.003 | −0.021 |
| | (0.011) | (0.011) | (0.017) |
| Growth | 0.005* | −0.001 | 0.006 |
| | (0.003) | (0.004) | (0.005) |
| SOE | 0.018*** | 0.009** | 0.022*** |
| | (0.003) | (0.004) | (0.003) |
| ROA | 0.111*** | 0.061** | 0.105** |
| | (0.028) | (0.028) | (0.043) |
| Age | 0.042*** | 0.040*** | 0.043*** |
| | (0.000) | (0.000) | (0.001) |
| Constant | 4.995*** | 4.211*** | 5.498*** |
| | (0.105) | (0.071) | (0.121) |
| 年份固定效应 | 控制 | 控制 | 控制 |
| 行业固定效应 | 控制 | 控制 | 控制 |
| 样本量/个 | 5 842 | 2 844 | 2 998 |
| $R^2$ | 0.838 | 0.865 | 0.864 |

注：表5-8汇报了本章实证研究的企业社会责任的市场绩效结果。A栏讨论了企业的系统性风险。B栏讨论了企业的融资约束。因变量分别为企业绩效变量，即A栏为系统性风险，B栏为企业融资约束。自变量为企业社会责任，使用润灵环球评级数据衡量。使用样本中位数将企业所在地分为高社会信任地区和低社会信任地区，以便进行比较。括号内为稳健的标准误，在省份—年度层面上聚类修正。***、**、*分别表示在1%、5%、10%的置信水平下显著。

# 第五节　本章小结

社会信任是中国文化的道德基础，指导着文化的传承和社会的发展。本章从企业社会责任的整体履行表现入手，研究社会信任对企业社会责任的影响。本章研究以2009—2018年润灵环球责任评级提供的企业社会责任报告评级数据所涉及的公司为研究样本，结合利益相关者理论和组织合法性理论，考察我国各地区社会信任水平对当地企业社会责任履行的影响。研究发现，企业所在地的社会信任水平越高，企业社会责任的表现越好。在更换社会信任和企业社会责任的衡量标准后，该结论依然成立。同时，本章使用倾向匹配得分方法并采用语言多样性作为工具变量，验证了社会信任与企业社会责任之间存在因果关系，对相关文献进行了补充。此外，社会信任对企业社会责任的正向影响作用受到企业内外部治理水平的调节作用，体现了企业社会责任的利他动机。在董事会女性占比较低、外资参股比例较低、所处地区市场化程度较低和法律保护水平较低的企业中，社会信任通过建立社会中无形的行为准则，培养企业的利他主义思想，督促企业落实社会责任。企业社会责任可以显著增加企业绩效，并且在社会信任水平更高的地区，企业社会责任对于公司绩效的提升作用更显著。与其他企业相比，位于高社会信任地区的企业在进行社会责任活动后，其系统性风险和融资约束都显著下降。因此，为了提升市场绩效，企业会战略性地履行社会责任，这验证了社会责任的战略动机。

可持续发展战略是国家的重大战略之一，而企业积极履行社会责任是响应该发展战略的重要实践。首先，政府和社会舆论应当支持并引导提高国家各个地区的社会信任水平，在经济发展的同时，注重精神文明建设，将企业的科学发展、可持续发展落实，实现企业经济与社会民生的共同发展。其次，在监督和鼓励企业社会责任的过程中，寻找关键的非正式制度替代因素至关重要，本章关注的社会信任水平可以规范正式制度之外的社会准则和道德标准，约束管理层和企业的决策行为，使公司在考虑经济层面对股东负责的同时，兼顾环境和社会因素，有效激励企业积极履行社会责任。最后，随着经济的发展和社会的进步，企业不仅要对自身盈利负责，更要对环境、文化等公共事业负责。企业落实社会责任，实现经济责任和社会责任的动态平衡，能为企业树立良好的声誉和形象，从而提升企业的竞争力，增强投资者的信心，获取更大的市场。

# 第六章　研究结论、启示与展望

## 第一节　研究结论

本书立足于中国场景，探讨文化对企业履行社会责任的影响。具体来说，本书分别考察了集体主义文化和社会信任对企业社会责任的影响。本书的主要结论如下。

### 一、集体主义文化与企业社会责任

首先，集体主义文化是中国文化的精神主轴。本书从企业慈善捐赠这一重要的社会责任决策入手，以 2003—2020 年我国 A 股上市公司为研究样本，探究集体主义文化对企业社会责任决策的影响。研究发现，企业所在地的集体主义文化越浓厚，企业慈善捐赠水平越高。这一结论在进行一系列稳健性检验，并使用工具变量法和 Heckman 两步法解决内生性问题后，仍然保持一致。其次，进一步的研究表明，在企业面临较多融资约束和较大自然灾害损失时，以上作用更加显著，验证了集体主义的利他思想对企业捐赠的利他动机的促进作用。最后，企业慈善捐赠作为第三次分配的重要途径，可以有效促进共同富裕实现。同时，作为非正式制度，在企业所在地正式制度缺乏，导致第一、二次分配机制不足时，集体主义文化的作用更大。这一结果验证了集体主义文化对于企业社会责任的促进作用。

### 二、社会信任与企业社会责任

社会信任是中国文化从古至今的道德基础。本书从企业社会责任的整体履行表现入手，以 2009—2018 年润灵环球责任评级提供的企业社会责任报告评级数据所涉及的公司为研究样本，考察我国各地区社会信任水平对企业社会责任的影响。研究发现，企业所在地的社会信任水平越高，企业社会责任的表现越好。在更换社会信任和企业社会责任的衡量标准，使用倾向匹配得分方法并使用工具变量法后，该结论依然成立。此外，当企业内外部治理水平较差时，社会信任通过建立社会中无形的行为准则，培养企业的利他主义思想，督促企业落实社会责任。企业社会责任可以显著增加企业绩效，并且在社会信任水平更高的地区，企业社会责任对公司绩效的提升作用更显著。以上研究结论证实了文化对我国企业履行社会责任的深刻影响，为相关文献提供了重要的经验补充。

## 第二节　研究启示

本书研究发现，文化会对我国企业履行社会责任的决策，包括慈善捐赠决策和整体表现决策产生显著影响。基于本书的发现，得到以下研究启示。

### 一、企业社会责任是可持续发展战略的重要实践

可持续发展战略是国家的重大战略之一，而企业积极履行社会责任是响应该发展战略的重要实践。本书发现，企业履行社会责任可以显著提高其市场绩效，响应了可持续发展的战略理念。因此本书认为，首先，政府和社会舆论应当支持并引导提高国家各个地区的社会信任水平，在经济发展的同时，注重精神文明建设，将企业的科学发展、可持续发展落实，实现经济与社会的共同发展。其次，在监督和鼓励企业社会责任的过程中，要注意多措并举，从多方面约束管理层和企业的决策行为，如监督企业依法纳税，激励企业慈善捐赠，使公司在考虑经济层面对股东负责的同时，兼顾到环境和社会因素，有效激励企业积极履行社会责任。最后，随着经济和社会的进步，企业不仅要对自身盈利负责，更要对环境、文化等公共

事业负责。企业落实社会责任，实现经济责任和社会责任的动态平衡，能为企业树立良好的声誉和形象，从而提升企业的竞争力，增强投资者的信心，获取更大的市场。

## 二、使文化成为社会经济发展的助推剂

企业的经营离不开具体的文化环境，文化是影响经济活动的重要因素。

首先，从古至今贯穿于中国文化中的精神主轴——集体主义文化，指导着中华民族的发源、发展和壮大。集体主义文化中的"集体利益高于个人利益"的思想，是指导中国全社会共同高速稳定发展的思想精髓，因此，要持续加强集体主义教育，在公司治理中发挥其重要作用。

其次，社会信任是所有中国文化的道德基础，更是巩固国家和谐稳定发展的基本社会规范。因此，在指导企业社会责任履行的过程中，要积极彰显社会信任作为社会资本的作用。一方面，从道德规范和价值思想的层面约束企业和管理层的策略制定；另一方面，通过文明城市建设、社会信用体系建设等工作，让全社会形成更高的社会信任水平，从而对企业提出更高的合规要求，即从外界进一步对企业施加履行社会责任的压力。

最后，中华文化源远流长，我国应该用好这一中国特色，加强对文化助力发展的关注。正如习近平总书记强调，要"把跨越时空、超越国度、富有永恒魅力、具有当代价值的文化精神弘扬起来，把继承传统优秀文化又弘扬时代精神、立足本国又面向世界的当代中国文化创新成果传播出去"。站在新的历史起点，要贯彻落实习近平总书记的"七一"重要讲话精神，着眼实现第二个百年奋斗目标，引领企业发展与国家发展战略同频共振、共同发展。

## 三、正式制度与非正式制度协同治理

将文化等非正式制度与正式制度的执法环境有机结合，可以更高效地约束管理层和企业的行为决策。一方面，一个国家的长治久安，离不开符合国情的立法和相关制度建设。正式制度为企业发展和社会进步奠定了稳

定的基础。另一方面，中华文化源远流长，历史底蕴深厚，这决定了我国企业的经营与发展不会脱离扎根于个体思想深处的文化观念和价值规范。

中国还处于稳步发展阶段，与欧美发达国家相比，我国正式制度的建设仍然有待加强。对于正式制度尚未完善的治理细节，以文化为代表的非正式制度可以对其进行补充，从思想道德层面对企业及其管理者进行软性约束。同时，非正式制度的影响在很大程度上是自愿的、非强制的，因此，当非正式制度的约束失效时，正式制度的强制手段又能保证社会的正常平稳发展。

积极探索正式制度与非正式制度的有机结合，使其在企业治理过程中充分发挥协同合作的作用，可以更有效地使企业明白，随着经济和社会的进步，企业不仅要对自身盈利负责，更要对公共事业负责。只有实现经济责任和社会责任的动态平衡，才能为企业树立良好的声誉和形象，提升企业的竞争力，增强投资者的信心，获取更大的市场，从而使企业时刻保持经济活力。

## 第三节　研究不足与展望

本书的研究还存在部分不足之处，同时也提供了一些未来的研究方向。

### 一、内生性问题的处理有待补充

囿于数据所限，本书实证部分对于研究中的内生性问题的处理还不够完善。本书各章节的内生性问题主要来源是遗漏变量偏差、样本选择偏差以及测量误差偏差。本书尝试使用多种常用方法缓解潜在的内生性问题，包括补充控制变量、更换主要变量衡量方式、调整研究样本等稳健性检验；使用倾向匹配得分法确保处理组和控制组之间相关协变量的可比性，突出关键变量在组间的差异；基于经典文献发现选择恰当的工具变量，使用工具变量法解决内生性问题；利用 Heckman 两步法解决样本选择偏差问题。尽管本书在内生性问题分析中做出了上述努力，但内生性问题仍可能无法避免。一是因为企业自身特征和所处环境制度特征差异较大，本书所使用的基础计量模型中很难对所有干扰项进行控制和处理。二是由于目前学界普遍认为文化精神和思想观念是一个长期积累下来的历史因素，很难在短期内出现较大变化。因此本书研究中所使用的主要文化衡量方式，都是截面数据。这限制了本书进一步控制企业固定效应或使用固定效应模型来消除个体，即企业间不随时间变化而变化的差异。尽管研究中尽可能多地控制了包括年份、行业在内的固定效应，但仍不能完全解决遗漏变量问题。这是本书研究的主要不足之处，在未来的研究中或许可以通过更多的社会调查，对文化进行更细致、准确的测量，以观察文化在社会经济进程中的变化与发展，更好地分析文化对企业经济以及社会发展的作用。

### 二、研究内容的深度广度有待拓展

本书的研究从集体主义文化和社会信任等中国传统或现代先进文化入手，结合企业慈善捐赠水平、企业整体社会责任履行决策等，细致地考察了文化对企业社会责任的影响，并借助企业治理水平、企业市场绩效等宏微观特征分析文化的作用机制。尽管如此，本书对于文化在企业社会责任决策中的作用的探究仍然不够深入和全面。一来，中华文化博大精深，除了本书重点关注的文化观念以外，还有许多底蕴丰富的传统文化，如儒家文化，以及随着社会和经济的发展，萌生和演变而来的现代文化。文化的内涵是丰富的，因此继续深入拓展各类文化制度对于我国社会和经济的影响，仍然非常重要。二来，本书主要立足于企业所在地文化，即企业经营环境中的文化氛围，以及管理者成长背景的文化烙印，对文化的长期影响进行讨论。随着全球化进程的推进，文化互动与融合也是现代文化发展的大势所趋。因此，在本书研究的基础上，还可以进一步探讨中西方文化、南北方文化的碰撞与交流，对企业社会责任，乃至企业其他经营决策、市场绩效的影响。对这些研究问题进行进一步的探讨，有助于学术界和社会更加全面和系统地理解和评估文化对于企业行为决策的影响。

# 参考文献

JVRGEN, HABEMAS. 合法化危机 [M]. 刘耽成，等译. 上海：上海人民出版社，2000.

MARCUS TULLIUS, CICERO. 图斯库路姆论辩集 [M]. 顾枝鹰，译. 上海：华东师范大学出版社，2022.

MAX, WEBER. 经济与社会 [M]. 林荣远，译. 北京：商务印书馆，1997.

MAX, WEBER. 新教伦理与资本主义精神 [M]. 阎克文，译. 上海：上海人民出版社，2010.

OLIVER, SHELDON. 管理哲学 [M]. 刘敬鲁，译. 北京：商务印书馆，2013.

曹亚勇，王建琼，于丽丽. 公司社会责任信息披露与投资效率的实证研究 [J]. 管理世界，2012（12）：183-185.

陈峻，郑惠琼. 融资约束，客户议价能力与企业社会责任 [J]. 会计研究，2020（8）：50-63.

陈丽红，张龙平，叶馨. 产权性质，审计质量，产品类型与慈善捐赠：基于战略慈善观的分析 [J]. 审计研究，2015（5）：68-75.

陈丽蓉，韩彬，杨兴龙. 企业社会责任与高管变更交互影响研究：基于A股上市公司的经验证据 [J]. 会计研究，2015（8）：57-64.

陈凌，陈华丽. 家族涉入，社会情感财富与企业慈善捐赠行为：基于全国私营企业调查的实证研究 [J]. 管理世界，2014（8）：90-101.

戴亦一，潘越，冯舒. 中国企业的慈善捐赠是一种"政治献金"吗？：来自市委书记更替的证据 [J]. 经济研究, 2014, 49 (2): 74-86.

戴亦一, 肖金利, 潘越. "乡音"能否降低公司代理成本?: 基于方言视角的研究 [J]. 经济研究, 2016, 51 (12): 147-160.

高勇强, 陈亚静, 张云均. "红领巾"还是"绿领巾": 民营企业慈善捐赠动机研究 [J]. 管理世界, 2012 (8): 106-114, 146.

顾雷雷, 郭建鸾, 王鸿宇. 企业社会责任, 融资约束与企业金融化 [J]. 金融研究, 2020, 476 (2): 109-127.

国务院国有资产监督管理委员会. 关于中央企业履行社会责任的指导意见 [S]. WTO 经济导刊, 2008 (Z1): 25-26.

韩亮亮, 彭伊, 孟庆娜. 数字普惠金融、创业活跃度与共同富裕: 基于我国省际面板数据的经验研究 [J]. 软科学, 2022: 1-18.

韩珣, 李建军. 政策连续性, 非金融企业影子银行化与社会责任承担 [J]. 金融研究, 2021, 495 (9): 131-150.

黄玖立, 刘畅. 方言与社会信任 [J]. 财经研究, 2017, 43 (7): 83-94.

黄乐桢. 企业应承担的八大社会责任: 专访全国政协常委、国务院参事任玉岭 [J]. 中国经济周刊, 2005 (41): 19.

黄伟, 陈钊. 外资进入, 供应链压力与中国企业社会责任 [J]. 管理世界, 2015 (2): 91-100.

金丹. 社会资本与区域经济增长: 基于中国区域视角的实证分析 [J]. 软科学, 2012, 26 (9): 89-94.

鞠晓生, 卢荻, 虞义华. 融资约束, 营运资本管理与企业创新可持续性 [J]. 经济研究, 2013 (1): 4-16.

李百兴, 王博, 卿小权. 企业社会责任履行, 媒体监督与财务绩效研究: 基于 A 股重污染行业的经验数据 [J]. 会计研究, 2018 (7): 64-71.

李金波, 聂辉华. 儒家孝道, 经济增长与文明分岔 [J]. 中国社会科学, 2011 (6): 41-55.

李四海, 陈旋, 宋献中. 穷人的慷慨: 一个战略性动机的研究 [J]. 管理世界, 2016 (5): 116-127.

李四海, 陆琪睿, 宋献中. 亏损企业慷慨捐赠的背后 [J]. 中国工业经济, 2012 (8): 148-160.

李涛, 方明, 伏霖, 等. 客观相对收入与主观经济地位: 基于集体主义视角的经验证据 [J]. 经济研究, 2019 (12): 118-133.

李正. 企业社会责任信息披露影响因素实证研究 [J]. 特区经济, 2006 (8): 324-325.

李志斌, 阮豆豆, 章铁生. 企业社会责任的价值创造机制: 基于内部控制视角的研究 [J]. 会计研究, 2020 (11): 112-124.

梁建, 陈爽英, 盖庆恩. 民营企业的政治参与、治理结构与慈善捐赠 [J]. 金融研究, 2010 (7): 109-118.

刘计含, 王建琼. 中国传统文化视角下的企业社会责任行为研究 [J]. 管理世界, 2017 (3): 184-185.

龙文滨, 宋献中. 社会责任投入增进价值创造的路径与时点研究: 一个理论分析 [J]. 会计研究, 2013 (12): 60-64.

陆铭, 李爽. 社会资本, 非正式制度与经济发展 [J]. 管理世界, 2008 (9): 161-165.

潘健平, 翁若宇, 潘越. 企业履行社会责任的共赢效应: 基于精准扶贫的视角 [J]. 金融研究, 2021, 493 (7): 134-153.

潘越, 戴亦一, 吴超鹏, 等. 社会资本、政治关系与公司投资决策 [J]. 经济研究, 2009 (11): 82-94.

潘越, 翁若宇, 刘思义. 私心的善意: 基于台风中企业慈善捐赠行为的新证据 [J]. 中国工业经济, 2017 (5): 133-151.

潘越, 吴超鹏, 史晓康. 社会资本、法律保护与IPO盈余管理 [J]. 会计研究, 2010 (5): 62-67.

权小锋, 吴世农, 尹洪英. 企业社会责任与股价崩盘风险: "价值利器"或 "自利工具"? [J]. 经济研究, 2015, 50 (11): 49-64.

山立威, 甘犁, 郑涛. 公司捐款与经济动机 [J]. 经济研究, 2008 (11): 51-60.

石军伟, 胡立君, 付海艳. 企业社会责任, 社会资本与组织竞争优势: 一个战略互动视角: 基于中国转型期经验的实证研究 [J]. 中国工业经济,

2009（11）：87-98.

田子方.集体主义与居民家庭消费：来自中国的经验发现［J］.金融研究，2020，479（5）：132-150.

王海姝，吕晓静，林晚发.外资参股和高管、机构持股对企业社会责任的影响：基于中国 A 股上市公司的实证研究［J］.会计研究，2014（8）：81-88.

王小鲁，樊纲，胡李鹏.中国分省份市场化指数报告（2018）［M］.北京：社会科学文献出版社，2019.

王小鲁，胡李鹏，樊纲.中国分省份市场化指数报告（2021）［M］.北京：社会科学文献出版社，2021.

王新，李彦霖，李方舒.企业社会责任与经理人薪酬激励有效性研究：战略性动机还是卸责借口？［J］.会计研究，2015（10）：51-58.

王艳，李善民.社会信任是否会提升企业并购绩效？［J］.管理世界，2017（12）：125-140.

温日光.谁要求更高的并购溢价？基于国家集体主义的视角［J］.会计研究，2017（9）：55-61.

徐莉萍，辛宇，祝继高.媒体关注与上市公司社会责任之履行：基于汶川地震捐款的实证研究［J］.管理世界，2011（3）：135-143.

许年行，李哲.高管贫困经历与企业慈善捐赠［J］.经济研究，2016（12）：133-146.

徐细雄，龙志能，李万利.儒家文化与企业慈善捐赠［J］.外国经济与管理，2020，42（2）：124-136.

徐现祥，刘毓芸，肖泽凯.方言与经济增长［J］.经济学报，2015（2）：1-32.

杨建君，杨慧军，马婷.集体主义文化和个人主义文化对技术创新方式的影响：信任的调节［J］.管理科学，2013，26（6）：1-11.

尹开国，刘小芹，陈华东.基于内生性的企业社会责任与财务绩效关系研究：来自中国上市公司的经验证据［J］.中国软科学，2014（6）：98-108.

尹美群, 张继东, 王璋. 女性董事, 公司绩效与公司慈善捐赠行为研究: 基于汶川地震与玉树地震灾后捐赠的经验数据 [J]. 中国会计评论, 2014, 12 (3): 467-478.

曾爱民, 魏志华, 张纯, 等. 企业社会责任: "真心" 抑或 "幌子"?: 基于高管内幕交易视角的研究 [J]. 金融研究, 2020, 483 (9): 154-171.

张川川, 李涛. 文化经济学研究的国际动态 [J]. 经济学动态, 2015 (1): 96-108.

张敏, 马黎珺, 张雯. 企业慈善捐赠的政企纽带效应: 基于我国上市公司的经验证据 [J]. 管理世界, 2013 (7): 163-171.

张维迎, 柯荣住. 信任及其解释: 来自中国的跨省调查分析 [J]. 经济研究, 2002, 10 (5): 59-70.

张兆国, 靳小翠, 李庚秦. 企业社会责任与财务绩效之间交互跨期影响实证研究 [J]. 会计研究, 2013 (8): 32-39.

赵向阳, 李海, 孙川. 中国区域文化地图: "大一统" 抑或 "多元化"? [J]. 管理世界, 2015 (2): 101-119.

钟宏武. 企业捐赠作用的综合解析 [J]. 中国工业经济, 2007 (2): 75-83.

朱沆, 叶文平, 刘嘉琦. 从军经历与企业家个人慈善捐赠: 烙印理论视角的实证研究 [J]. 南开管理评论, 2020, 23 (06): 179-189.

ABEYSEKERA A P, FERNANDO C S. Corporate Social Responsibility Versus Corporate Shareholder Responsibility: A Family Firm Perspective [J]. Journal of Corporate Finance, 2020 (61): 101-370.

ADAMS M, HARDWICK P. An Analysis of Corporate Donations: United Kingdom Evidence [J]. Journal of Management Studies, 1998, 35 (5): 641-654.

AGGARWAL R, GOODELL J W. Markets and Institutions in Financial Intermediation: National Characteristics as Determinants [J]. Journal of Banking & Finance, 2009, 33 (10): 1770-1780.

AKERLOF G A, KRANTON R E. Economics and Identity [J]. The Quarterly Journal of Economics, 2000, 115 (3): 715-753.

ALBUQUERQUE R, KOSKINEN Y, ZHANG C. Corporate Social Responsibility and Firm Risk: Theory and Empirical Evidence [J]. Management Science, 2019, 65 (10): 4451-4469.

ALCHIAN A A, DEMSETZ H. Production, Information Costs, and Economic Organization [J]. American Economic Review, 1972, 62 (5): 777-795.

ALESINA A, GIULIANO P. The Power of Family [J]. Journal of Economic Growth, 2010 (15): 93-125.

ALESINA A, GIULIANO P. Culture and Institutions [J]. Journal of Economic Literature, 2015, 53 (4): 898-944.

ALLEN F, QIAN J, QIAN M. Law, Finance, and Economic Growth in China [J]. Journal of Financial Economics, 2005, 77 (1): 57-116.

ALMUNIA M, GUCERI I, LOCKWOOD B, et al. More Giving or More Givers? The Effects of Tax Incentives on Charitable Donations in the UK [J]. Journal of Public Economics, 2020 (183): 104-114.

ALSTON L J. New Institutional Economics [J]. The New Palgrave Dictionary of Economics, 2008, 2.

ANG J S, CHENG Y, WU C. Trust, Investment, and Business Contracting [J]. Journal of Financial and Quantitative Analysis, 2015, 50 (3): 569-595.

AROURI M, GOMES M, PUKTHUANTHONG K. Corporate Social Responsibility and M&A Uncertainty [J]. Journal of Corporate Finance, 2019 (56): 176-198.

ARROW K J. Gifts and Exchanges [J]. Philosophy & Public Affairs, 1972: 343-362.

ATKINSON L, GALASKIEWICZ J. Stock Ownership and Company Contributions to Charity [J]. Administrative Science Quarterly, 1988: 82-100.

BAR-TAL D. Prosocial Behavior: Theory and Research [M]. New York: Halsted, 1976.

BARKER III V L, MUELLER G C. CEO Characteristics and Firm R&D

Spending [J]. Management Science, 2002, 782-801.

BARNEA A, RUBIN A. Corporate Social Responsibility as a Conflict between Shareholders [J]. Journal of Business Ethics, 2010, 97 (1): 71-86.

BARON D P. Private Politics, Corporate Social Responsibility, and Integrated Strategy [J]. Journal of Economics & Management Strategy, 2001, 10 (1): 7-45.

BENMELECH E, FRYDMAN C. Military CEOs [J]. Journal of Financial Economics, 2015, 117 (1): 43-59.

BENABOU R. Groupthink and Ideology [J]. Journal of the European Economic Association, 2008, 6 (2-3): 321-352.

BERSON Y, OREG S, DVIR T. CEO Values, Organizational Culture and Firm Outcomes [J]. Journal of Organizational Behavior: The International Journal of Industrial, Occupational and Organizational Psychology and Behavior, 2008, 29 (5): 615-633.

BORGHESI R, HOUSTON J F, NARANJO A. Corporate Socially Responsible Investments: CEO Altruism, Reputation, and Shareholder Interests [J]. Journal of Corporate Finance, 2014 (26): 164-181.

BOUBAKRI N, GUEDHAMI O, KWOK C C Y, et al. Is Privatization a Socially Responsible Reform? [J]. Journal of Corporate Finance, 2019 (56): 129-151.

BOWER J L, PAINE L S. The Error at the Heart of Corporate Leadership [J]. 2017, HBR'S 10 MUST, 165.

BOYD R, RICHERSON P J. Culture and the Evolutionary Process [J]. 1985.

BRAMMER S, MILLINGTON A. Corporate Reputation and Philanthropy: An Empirical Analysis [J]. Journal of Business Ethics, 2005, 61 (1): 29-44.

BREWER M B, CHEN Y R. Where (Who) are Collectives in Collectivism? Toward Conceptual Clarification of Individualism and Collectivism [J]. Psychological Review, 2007, 114 (1): 133-51.

CAI Y, PAN C H, STATMAN M. Why do Countries Matter So Much in Corporate Social Performance? [J]. Journal of Corporate Finance, 2016 (41): 591-609.

CALLAN S J, THOMAS J M. Corporate Financial Performance and Corporate Social Performance: An Update and Reinvestigation [J]. Corporate Social Responsibility and Environmental Management, 2009, 16 (2): 61-78.

CAMPBELL L, GULAS C S, GRUCA T S. Corporate Giving Behavior and Decision-Maker Social Consciousness [J]. Journal of Business Ethics, 1999, 19 (4): 375-383.

CARLIN B I, DOROBANTU F, VISWANATHAN S. Public Trust, the Law, and Financial Investment [J]. Journal of Financial Economics, 2009, 92 (3): 321-341.

CARPENTER S. Effects of Cultural Tightness and Collectivism on Self-concept and Causal Attributions [J]. Cross-cultural Research, 2000, 34 (1): 38-56.

CARROLL A B, SHABANA K M. The Business Case for Corporate Social Responsibility: A Review of Concepts, Research and Practice [J]. International Journal of Management Reviews, 2010, 12 (1): 85-105.

CARROLL A B. The Pyramid of Corporate Social Responsibility: Toward the Moral Management of Organizational Stakeholders [J]. Business Horizons, 1991, 34 (4): 39-48.

CHEN G, CROSSLAND C, LUO S. Making the Same Mistake All over Again: CEO Overconfidence and Corporate Resistance to Corrective Feedback [J]. Strategic Management Journal, 2015, 36 (10): 1513-1535.

CHEN J C, ROBERTS R W. Toward a More Coherent Understanding of the Organization-society Relationship: A Theoretical Consideration for Social and Environmental Accounting Research [J]. Journal of Business Ethics, 2010, 97 (4): 651-665.

CHEN T, DONG H, LIN C. Institutional Shareholders and Corporate Social

Responsibility [J]. Journal of Financial Economics, 2020, 135 (2): 483-504.

CHIN M K, HAMBRICK D C, TREVIÑO L K. Political Ideologies of CEOs: The Influence of Executives' Values on Corporate Social Responsibility [J]. Administrative Science Quarterly, 2013, 58 (2): 197-232.

CHO C H, LAINE M, ROBERTS R W, et al. Organized Hypocrisy, Organizational Façades, and Sustainability Reporting [J]. Accounting, Organizations and Society, 2015 (40): 78-94.

CHOI J, WANG H. The Promise of a Managerial Values Approach to Corporate Philanthropy [J]. Journal of Business Ethics, 2007, 75 (4): 345-359.

CLARKSON P M, LI Y, RICHARDSON G D, et al. Revisiting the Ration between Environmental Performance and Environmental Disclosure: An Empirical Analysis [J]. Accounting, Organizations and Society, 2008, 33 (4 - 5): 303-327.

COASE R H. The Nature of the Firm [J]. Economica, 1937, 4 (16): 386-405.

COASE R H. The Problem of Social Cost [J]. The Journal of Law and Economics, 1960, 3 (1): 1-44.

COLEMAN J S. Social Capital in the Creation of Human Capital [J]. American Journal of Sociology, 1988 (94): 95-120.

COLEMAN J S. Commentary: Social Institutions and Social Theory [J]. American Sociological Review, 1990, 55 (3): 333-339.

Committee for Economic Development. Social responsibilities of business corporations [R]. New York: Research and Policy Committee for Economic Development, 1971.

CORNELL B, SHAPIRO A C. Corporate Stakeholders and Corporate Finance [J]. Financial Management, 1987: 5-14.

COSTA E, RAMUS T. The Italian Economia Aziendale and Catholic Social Teaching: How to Apply the Common Good Principle at the Managerial Level [J]. Journal of Business Ethics, 2012, 106 (1): 103-116.

CRONQVIST H, HEYMAN F, NILSSON M, et al. Do Entrenched Managers Pay Their Workers More? [J]. The Journal of Finance, 2009, 64 (1): 309-339.

DECKOP J R, MERRIMAN K K, GUPTA S. The Effects of CEO Pay Structure on Corporate Social Performance [J]. Journal of Management, 2006, 32: 329-342.

DEEGAN C, RANKIN M, TOBIN J. An Examination of the Corporate Social and Environmental Disclosures of BHP from 1983-1997: A Ttest of Legitimacy Theory [J]. Accounting, Auditing & Accountability Journal, 2002.

DELLAVIGNA S, LIST J A, MALMENDIER U, et al. The Importance of Being Marginal: Gender Differences in Generosity [J]. American Economic Review, 2013, 103 (3): 586-90.

DENG X, KANG J, LOW B S. Corporate Social Responsibility and Stakeholder Value Maximization: Evidence from Mergers [J]. Journal of Financial Economics, 2013, 110 (1): 87-109.

DI MAGGIO P. Culture and Cognition [J]. Annual Review of Sociology, 1997, 23.

DIMSON E, KARAKAş O, LI X. Active Ownership [J]. The Review of Financial Studies, 2015, 28 (12): 3225-3268.

DONALDSON T, DUNFEE T W. Integrative Social Contracts Theory: A Communitarian Conception of Economic Ethics [J]. Economics & Philosophy, 1995, 11 (1): 85-112.

DUMITRESCU A, ZAKRIYA M. Stakeholders and the Stock Price Crash Risk: What Matters in Corporate Social Performance? [J]. Journal of Corporate Finance, 2021, 67: 101-871.

DYCK A, LINS K V, ROTH L, et al. Do Institutional Investors Drive Corporate Social Responsibility? International Evidence [J]. Journal of Financial Economics, 2019, 131 (3): 693-714.

EL GHOUL S, GUEDHAMI O, WANG H, et al. Family Control and Corpo-

rate Social Responsibility [J]. Journal of Banking & Finance, 2016, 73:
131-146.

EL GHOUL S, GUEDHAMI O, KWOK C C Y, et al. Does Corporate Social
Responsibility Affect the Cost of Capital? [J]. Journal of Banking & Finance,
2011, 35 (9): 2388-2406.

EL GHOUL S, GUEDHAMI O, KWOK C C Y, et al. Collectivism and the
Costs of High Leverage [J]. Journal of Banking & Finance, 2019, 106:
227-245.

EL GHOUL S, ZHENG X. Trade Credit Provision and National Culture
[J]. Journal of Corporate Finance, 2016, 41: 475-501.

ELKINGTON J. The Triple Bottom Line [J]. Environmental Management:
Readings and Cases, 1997 (2): 49-66.

ETZIONI A. Comparative Analysis of Complex Organizations, Rev [M].
New York: Simon and Schuster, 1975.

FACCIO M, MARCHICA M T, MURA R. CEO Gender, Corporate Risk-
taking, and the Efficiency of Capital Allocation [J]. Journal of Corporate
Finance, 2016, 39: 193-209.

FAN J P H, GU Q, YU X. Collectivist Cultures and the Emergence of Fam-
ily Firms [J]. Journal of Law and Economics, 2022, 65 (S1): 293-325.

FENG X, JOHANSSON A C. Living through the Great Chinese Famine:
Early-life Experiences and Managerial Decisions [J]. Journal of Corporate Fi-
nance, 2018, 48: 638-657.

FERRELL A, LIANG H, RENNEBOOG L. Socially Responsible Firms
[J]. Journal of Financial Economics, 2016, 122 (3): 585-606.

FLAMMER C. Does Corporate Social Responsibility Lead to Superior Finan-
cial Performance? A Regression Discontinuity Approach [J]. Management Sci-
ence, 2015, 61 (11): 2549-2568.

FREDERICK W C. Values, Nature, and Culture in the American
Corporation [M]. Oxford: Oxford University Press, 1995.

FREEMAN R E, HARRISON J S, WICKS A C. Managing for Stakeholders: Survival, Reputation, and Success [M]. New Haven, Connecticut: Yale University Press, 2007.

FREEMAN R E. Strategic Management: A Stakeholder Approach [M]. Boston, Mass: Pitman Press. 1984.

FREEMAN R E. The Politics of Stakeholder Theory: Some Future Directions [J]. Business Ethics Quarterly, 1994: 409-421.

FREEMAN R E, WICKS A C, PARMAR B. Stakeholder Theory and "the Corporate Objective Revisited" [J]. Organization Science, 2004, 15 (3): 364-369.

FRIEDMAN M. A Friedman Doctrine: The Social Responsibility of Business is to Increase its Profits [J]. The New York Times Magazine, 1970, 13 (1970): 32-33.

FRIEDMAN M. The Social Responsibility of Business is to Increase its Profits [A]. In: Pincus L B. (Ed.), Perspectives in Business Ethics [M]. Singapore: McGrawHill, 1998, 246-251.

FUKUDA K, OUCHIDA Y. Corporate Social Responsibility (CSR) and the Environment: Does CSR Increase Emissions? [J]. Energy Economics, 2020 (92): 104-933.

FUKUYAMA F. Trust: The Social Virtues and the Creation of Prosperity [M]. New York: The Free Press. 1995.

GALASKIEWICZ J. An Urban Grants Economy Revisited: Corporate Charitable Contributions in the Twin Cities, 1979-81, 1987-89 [J]. Administrative Science Quarterly, 1997: 445-471.

GALASSO A, SIMCOE T S. CEO Overconfidence and Innovation [J]. Management Science, 2011, 57 (8): 1469-1484.

GAMBETTA D. Trust: Making and Breaking Cooperative Relations [J]. 1988.

GAO Y, HAFSI T. Government Intervention, Peers' Giving and Corporate

Philanthropy: Evidence from Chinese Private SMEs [J]. Journal of Business Ethics, 2015, 132 (2): 433-447.

GAO L, ZHANG J H. Firms' Earnings Smoothing, Corporate Social Responsibility, and Valuation [J]. Journal of Corporate Finance, 2015, 32: 108-127.

GARCÍA-SÁNCHEZ I M, RODRÍGUEZ-ARIZA L, FRÍAS-ACEITUNO J V. The Cultural System and Integrated Reporting [J]. International Business Review, 2013, 22 (5): 828-838.

GELFAND M J, HIGGINS M, NISHII L H, et al. Culture and Egocentric Perceptions of Fairness in Conflict and Negotiation [J]. Journal of Applied Psychology, 2002, 87 (5): 833.

GLOßNER S. Investor Horizons, Long-Term Blockholders, and Corporate Social Responsibility [J]. Journal of Banking & Finance, 2019 (103): 78-97.

GILLAN S L, KOCH A, STARKS L T. Firms and Social Responsibility: A Review of ESG and CSR Research in Corporate Finance [J]. Journal of Corporate Finance, 2021.

GODFREY P C. The Relationship between Corporate Philanthropy and Shareholder Wealth: A Risk Management Perspective [J]. Academy of Management Review, 2005, 30 (4): 777-798.

GORODNICHENKO Y, ROLAND G. Which Dimensions of Culture Matter for Long-run Growth? [J]. American Economic Review, 2011, 101 (3): 492-498.

GOSS A, ROBERTS G S. The Impact of Corporate Social Responsibility on the Cost of Bank Loans [J]. Journal of Banking & Finance, 2011, 35 (7): 1794-1810.

GREIF A. Cultural Beliefs and the Organization of Society: A Historical and Theoretical Reflection on Collectivist and Individualist Societies [J]. Journal of Political Economy, 1994, 102 (5): 912-950.

GUISO L, MONTE F, SAPIENZA P, et al. Culture, Gender, and Math [J]. Science, 2008, 320 (5880): 1164-1165.

GUISO L, SAPIENZA P, ZINGALES L. The Role of Social Capital in Fi-

nancial Development [J]. American Economic Review, 2004, 94 (3):
526-556.

GUISO L, SAPIENZA P, ZINGALES L. Does Culture Affect Economic Out-
comes? [J]. Journal of Economic Perspectives, 2006, 20 (2): 23-48.

GUISO L, SAPIENZA P, ZINGALES L. Cultural Biases in Economic Ex-
change? [J]. The Quarterly Journal of Economics, 2009, 124 (3): 1095-1131.

GUISO L, SAPIENZA P, ZINGALES L. Civic capital as the missing link
[J]. Handbook of Social Economics, 2011 (1): 417-480.

GUO M, HE L, ZHONG L. Business Groups and Corporate Social Respon-
sibility: Evidence from China [J]. Emerging Markets Review, 2018 (37):
83-97.

HAFENBRÄDL S, WAEGER D. Ideology and the Micro-foundations of
CSR: Why Executives Believe in the Business Case for CSR and how this Affects
Their CSR Engagements [J]. Academy of Management Journal, 2017, 60 (4):
1582-1606.

HALEY U C V. Corporate Contributions as Managerial Masques: Reframing
Corporate Contributions as Strategies to Influence Society [J]. Journal of Man-
agement Studies, 1991, 28 (5): 485-510.

HAMBRICK D C, MASON P A. Upper Echelons: The Organization as a
Reflection of its Top Managers [J]. Academy of Management Review, 1984, 9
(2): 193-206.

HEINE S J, LEHMAN D R, MARKUS H R, et al. Is There a Universal
Need for Positive Self-regard? [J]. Psychological Review, 1999, 106
(4): 766.

HENDERSON A, MILLER D, HAMBRICK D. How Quickly do CEOs Be-
come Obsolete? Industry Dynamism, CEO Tenure, and Company Performance
[J]. Strategic Management Journal, 2006, 27 (5): 447-460.

HIGGINS M C. Career imprints: Creating leaders across an industry [M].
New York: John Wiley & Sons, 2005.

HILARY G, HUANG S. Trust and Contracting [J]. Available at SSRN, 2015, 2604974.

HILL C W L, JONES T M. Stakeholder-agency Theory [J]. Journal of Management Studies, 1992, 29 (2): 131-154.

HO P H, HUANG C W, LIN C Y, et al. CEO Overconfidence and Financial Crisis: Evidence from Bank Lending and Leverage [J]. Journal of Financial Economics, 2016, 120 (1): 194-209.

HOFSTEDE G, BOND M H. The Confucius Connection: From Cultural Roots to Economic Growth [J]. Organizational Dynamics, 1988, 16 (4): 5-21.

HOFSTEDE G. Culture and Organizations [J]. International Studies of Management & Organization, 1980, 10 (4): 15-41.

HOFSTEDE G. Culture's Consequences: Comparing Values, Behaviors, Institutions and Organizations across Mations [M]. Thousand Oaks, CA: Sage, 2001.

HOI C K S, WU Q, ZHANG H. Does Social Capital Mitigate Agency Problems? Evidence from Chief Executive Officer (CEO) Compensation [J]. Journal of Financial Economics, 2019, 133 (2): 498-519.

HONG H, KACPERCZYK M. The Price of Sin: The Effects of Social Norms on Markets [J]. Journal of Financial Economics, 2009, 93 (1): 15-36.

HONG H, KUBIK J D, SCHEINKMAN J A. Financial Constraints on Corporate Goodness [R]. National Bureau of Economic Research, 2012.

HUI C H, TRIANDIS H C. Individualism-collectivism: A Study of Cross-cultural Researchers [J]. Journal of Cross-cultural Psychology, 1986, 17 (2): 225-248.

HUMPHREY J E, LEE D D, SHEN Y. Does it Cost to be Sustainable? [J]. Journal of Corporate Finance, 2012, 18 (3): 626-639.

IKRAM A, LI Z F, MINOR D. CSR-contingent Executive Compensation Contracts [J]. Journal of Banking & Finance, 2019: 105655.

IMMELMANN K. Ecological Significance of Imprinting and Early Learning [J]. Annual Review of Ecology and Systematics, 1975: 15-37.

JAWAHAR I M, MCLAUGHLIN G L. Toward a Descriptive Stakeholder Theory: An Organizational Life Cycle Approach [J]. Academy of Management Review, 2001, 26 (3): 397-414.

JENSEN M C, MECKLING W H. Theory of the Firm: Managerial Behavior, Agency Costs and Ownership Structure [J]. Journal of Financial Economics, 1976, 3 (4): 305-360.

JENSEN M C. Value Maximization, Stakeholder Theory, and the Corporate Objective Function [J]. Journal of Applied Corporate Finance, 2001, 14 (3): 8-21.

JHA A. Financial Reports and Social Capital [J]. Journal of Business Ethics, 2019 (155): 567-596.

JHA A, CHEN Y. Audit Fees and Social Capital [J]. The Accounting Review, 2015, 90 (2): 611-639.

JHA A, COX J. Corporate Social Responsibility and Social Capital [J]. Journal of Banking & Finance, 2015 (60): 252-270.

JONES T M. Instrumental Stakeholder Theory: A Synthesis of Ethics and Economics [J]. Academy of Management Review, 1995, 20 (2): 404-437.

KAASA A, VADI M. How Does Culture Contribute to Innovation? Evidence from European Countries [J]. Economics of Innovation and New Technology, 2010, 19 (7): 583-604.

KHAN W A, VIEITO J P. CEO Gender and Firm Performance [J]. Journal of Economics and Business, 2013 (67): 55-66.

KIM H D, KIM T, KIM Y, et al. Do Long-term Institutional Investors Promote Corporate Social Responsibility Activities? [J]. Journal of Banking & Finance, 2019 (101): 256-269.

KIM Y, LI H, LI S. Corporate Social Responsibility and Stock Price Crash Risk [J]. Journal of Banking & Finance, 2014 (43): 1-13.

KING T, SRIVASTAV A, WILLIAMS J. What's in an Education? Implications of CEO Education for Bank Performance [J]. Journal of Corporate Finance, 2016 (37): 287-308.

KISH-GEPHART J J, CAMPBELL J T. You don't Forget Your Roots: The Influence of CEO Social Class Background on Strategic Risk Taking [J]. Academy of Management Journal, 2015, 58 (6): 1614-1636.

KNACK S, KEEFER P. Does Social Capital Have an Economic Payoff? A Cross-country Investigation [J]. Quarterly Journal of Economics, 1997, 112 (4): 1251-1288.

KONG D, ZHAO Y, LIU S. Trust and Innovation: Evidence from CEOs' Early-life Experience [J]. Journal of Corporate Finance, 2021 (69): 101984.

KPMG. The KPMG Survey of Sustainability Reporting 2020 [R]. Amsterdam, Netherlands: KPMG International, 2020.

KRÜGER P. Corporate Goodness and Shareholder Wealth [J]. Journal of Financial Economics, 2015, 115 (2): 304-329.

KULKARNI S P, HUDSON T, RAMAMOORTHY N, et al. Dimensions of Individualism-collectivism [J]. Verslo ir Teisés Aktualijos, 2010: 93.

LA PORTA R, LOPEZ-DE-SILANES F, SHLEIFER A, et al. Legal Determinants of External Finance [J]. The Journal of Finance, 1997, 52 (3): 1131-1150.

LAU C M, LU Y, LIANG Q. Corporate Social Responsibility in China: A Corporate Governance Approach [J]. Journal of Business Ethics, 2016, 136 (1): 73-87.

LEONG C K, YANG Y C. Constraints on "Doing Good": Financial Constraints and Corporate Social Responsibility [J]. Finance Research Letters, 2021, 40: 101694.

LEV B, PETROVITS C, RADHAKRISHNAN S. Is Doing Good Good for You? How Corporate Charitable Contributions Enhance Revenue Growth [J]. Strategic Management Journal, 2010, 31 (2): 182-200.

LEWIS B W, WALLS J L, DOWELL G W. Difference in Degrees: CEO Characteristics and Firm Environmental Disclosure [J]. Strategic Manage Journal, 2014, 35 (5): 712-722.

LI X, WANG S S, WANG X. Trust and Stock Price Crash Risk: Evidence from China [J]. Journal of Banking & Finance, 2017 (76): 74-91.

LI X, WANG S S, WANG X. Trust and IPO underpricing [J]. Journal of Corporate Finance, 2019 (56): 224-248.

LIANG H, RENNEBOOG L. Corporate Donations and Shareholder Value [J]. Oxford Review of Economic Policy, 2017a, 33 (2): 278-316.

LIANG H, RENNEBOOG L. On the Foundations of Corporate Social Responsibility [J]. The Journal of Finance, 2017b, 72 (2): 853-910.

LICHT A N, GOLDSCHMIDT C, SCHWARTZ S H. Culture, Law, and Corporate Governance [J]. International Review of Law and Economics, 2005, 25 (2): 229-255.

LINS K V, SERVAES H, TAMAYO A. Social Capital, Trust, and Firm Performance: The Value of Corporate Social Responsibility During the Financial Crisis [J]. The Journal of Finance, 2017, 72 (4): 1785-1824.

LORENZ K. 1937 The Companion in the Bird's World [J]. The Auk, 1937, 54 (1): 245-273.

MALMENDIER U, TATE G, YAN J. Overconfidence and Early-life Experiences: The Effect of Managerial Traits on Corporate Financial Policies [J]. The Journal of Finance, 2011, 66 (5): 1687-1733.

MALMENDIER U, TATE G. Who Makes Acquisitions? CEO Overconfidence and the Market's Reaction [J]. Journal of Financial Economics, 2008, 89 (1): 20-43.

MARIDAL J H. Cultural Impact on National Economic Growth [J]. The Journal of Socio-Economics, 2013 (47): 136-146.

MARKUS H R, KITAYAMA S. Culture and the Self: Implications for Cognition, Emotion, and Motivation [J]. Psychological Review, 1991, 98

（2）：224.

MARQUIS C, TILCSIK A. Imprinting: Toward a Multilevel Theory [J]. Academy of Management Annals, 2013, 7 （1）: 195-245.

MARQUIS C, LEE M. Who is Governing Whom? Executives, Governance, and the Structure of Generosity in Large US Firms [J]. Strategic Management Journal, 2013, 34 （4）: 483-497.

MARX J D. Corporate Philanthropy: What is the Strategy? [J]. Nonprofit and Voluntary Sector Quarterly, 1999, 28 （2）: 185-198.

MAURER J G. （Ed.）. Readings in Organization Theory: Open-system Approaches [M]. New York: Random House, 1971.

MCCARTHY S, OLIVER B, SONG S. Corporate Social Responsibility and CEO Confidence [J]. Journal of Banking & Finance, 2017 （75）: 280-291.

MCEVILY B, JAFFEE J, TORTORIELLO M. Not all Bridging Ties are Equal: Network Imprinting and Firm Growth in the Nashville Legal Industry, 1933-1978 [J]. Organization Science, 2012, 23 （2）: 547-563.

MCGUINNESS P B, VIEITO J P, WANG M. The Role of Board Gender and Foreign Ownership in the CSR Performance of Chinese Listed Firms [J]. Journal of Corporate Finance, 2017 （42）: 75-99.

MCGUIRE S T, NEWTON N J, OMER T C, et al. Does Local Religiosity Impact Corporate Social Responsibility? [J]. February 2012.

MILGROM P R, NORTH D C, WEINGAST B R. The Role of Institutions in the Revival of Trade: The Law Merchant, Private Judges, and the Champagne Fairs [J]. Economics & Politics, 1990, 2 （1）: 1-23.

MILLER J G. Cultural Diversity in the Morality of Caring: Individually Oriented Versus Duty-based Interpersonal Moral Codes [J]. Cross-cultural Research, 1994, 28 （1）: 3-39.

MILNE M J, PATTEN D M. Securing Organizational Legitimacy: An Experimental Decision Case Examining the Impact of Environmental Disclosures [J]. Accounting, Auditing & Accountability Journal, 2002.

MULLEN J. Performance – based Corporate Philanthropy: How "Giving Smart" can Further Corporate Goals [J]. Public Relations Quarterly, 1997, 42 (2): 42.

NARANJO-VALENCIA J C, JIMÉNEZ-JIMÉNEZ D, SANZ-VALLE R. Innovation or Imitation? The Role of Organizational Culture [J]. Management Decision, 2011.

NG A C, REZAEE Z. Business Sustainability Performance and Cost of Equity Capital [J]. Journal of Corporate Finance, 2015 (34): 128-149.

NIELSEN B B, NIELSEN S. Top Management Team Nationality Diversity and Firm Performance: A Multilevel Study [J]. Strategic Management Journal, 2013, 34 (3): 373-382.

NOFSINGER J R, SULAEMAN J, VARMA A. Institutional Investors and Corporate Social Responsibility [J]. Journal of Corporate Finance, 2019 (58): 700-725.

NORTH D C. Institutions, Institutional Change and Economic Performance [M]. New York: Cambridge University Press, 1990.

NORTH D C. Institutions [J]. Journal of Economic Perspectives, 1991 (5): 97-112.

ODEAN T. Volume, Volatility, Price, and Profit When All Traders are Above Average [J]. The Journal of Finance, 1998, 53 (6): 1887-1934.

OH W Y, CHANG Y K, MARTYNOV A. The Effect of Ownership Structure on Corporate Social Responsibility: Empirical Evidence from Korea [J]. Journal of Business Ethics, 2011, 104 (2): 283-297.

PAGANO M, VOLPIN P F. Managers, Workers, and Corporate Control [J]. The Journal of Finance, 2005, 60 (2): 841-868.

PANWAR R, PAUL K, NYBAKK E, et al. The Legitimacy of CSR Actions of Publicly Traded Companies Versus Family-owned Companies [J]. Journal of Business Ethics, 2014, 125 (3): 481-496.

PETROVITS C M. Corporate-sponsored Foundations and Earnings Management [J]. Journal of Accounting and Economics, 2006, 41 (3): 335-362.

PORTER M E, KRAMER M R. The Competitive Advantage of Corporate Philanthropy [J]. Harvard Business Review, 2002, 80 (12): 56-68, 133.

PORTES A. Social Capital: Its Origins and Applications in Modern Sociology [J]. Annual Review of Sociology, 1998, 24 (1): 1-24.

PUTNAM R. The Prosperous Community: Social Capital and Public Life [J]. The American Prospect, 1993, 13 (4).

ROKEACH M. The Nature of Human Values [M]. New York: Free press, 1973.

RUF B M, MURALIDHAR K, BROWN R M, et al. An Empirical Investigation of the Relationship between Change in Corporate Social Performance and Financial Performance: A Stakeholder Theory Perspective [J]. Journal of Business Ethics, 2001, 32 (2): 143-156.

RUSSO M V, FOUTS P A. A Resource-based Perspective on Corporate Environmental Performance and Profitability [J]. Academy of Management Journal, 1997, 40 (3): 534-559.

RUTHERFORD M. Institutional Economics: Then and Now [J]. Journal of Economic Perspectives, 2001, 15 (3): 173-194.

SAIIA D H. Philanthropy and Corporate Citizenship: Strategic Philanthropy is Good Corporate Citizenship [J]. Journal of Corporate Citizenship, 2001 (2): 57-74.

SCOTT W R. Institutions and Organizations [M]. Thousand Oaks, CA: Sage, 1995.

SEIFERT B, MORRIS S A, BARTKUS B R. Having, Giving, and Getting: Slack Resources, Corporate Philanthropy, and Firm Financial Performance [J]. Business & Society, 2004, 43 (2): 135-161.

SERFLING M A. CEO Age and the Riskiness of Corporate Policies [J]. Journal of Corporate Finance, 2014 (25): 251-273.

SHARFMAN M. Changing Institutional Rules: The Evolution of Corporate Philanthropy, 1883-1953 [J]. Business & Society, 1994, 33 (3): 236-269.

SIEGEL J I, LICHT A N, SCHWARTZ S H. Egalitarianism and International Investment [J]. Journal of Financial Economics, 2011, 102 (3): 621-642.

SIMON H A. Administrative Behavior: A Study of Decision-making Processes in Administrative Organization [M]. New York: Macmillan, 1947.

STEELE L G, LYNCH S M. The Pursuit of Happiness in China: Individualism, Collectivism, and Subjective Well-being During China's Economic and Social Transformation [J]. Social Indicators Research, 2013, 114 (2): 441-451.

STINCHCOMBE A. Social Structure and Organizations [A]. In Handbook of Organizations [C]. ed. By March J G, McGraw-Hill, 1965.

SUCHMAN M C. Managing Legitimacy: Strategic and Institutional Approaches [J]. Academy of Management Review, 1995, 20 (3): 571-610.

SURROCA J, TRIBÓ J A. Managerial Entrenchment and Corporate Social Performance [J]. Journal of Business Finance & Accounting, 2008, 35 (5-6): 748-789.

TALHELM T, ZHANG X, OISHI S, et al. Large - Scale Psychological Differences within China Explained by Rice versus Wheat Agriculture [J]. Science, 2014 (344): 603-608.

TRIANDIS H C, GELFAND M J. Converging Measurement of Horizontal and Vertical Individualism and Collectivism [J]. Journal of Personality and Social Psychology, 1998, 74 (1): 118.

TRIANDIS H C. Individualism-collectivism and Personality [J]. Journal of Personality, 2001, 69 (6): 907-924.

TSOUTSOURA M. Corporate Social Responsibility and Financial Performance [J]. Working paper, 2004.

TUZZOLINO F, ARMANDI B R. A Need-hierarchy Framework for Assessing

Corporate Social Responsibility [J]. Academy of Management Review, 1981, 6 (1): 21-28.

UPHOFF N. Understanding Social Capital: Learning from the Analysis and Experience of Participation [A]. In: Dasgupta P, Serageldin I. (Ed.), Social Capital: A Multifaceted Perspective [M]. Washington, D. C.: The World Bank, 2000: 215-249.

VANCE S C. Are Socially Responsible Corporations Good Investment Risks [J]. Management Review, 1975, 64 (8): 19-24.

WANG H, QIAN C. Corporate Philanthropy and Corporate Financial Performance: The Roles of Stakeholder Response and Political Access [J]. Academy of Management Journal, 2011, 54 (6): 1159-1181.

WILLIAMSON O E. Markets and Hierarchies: Analysis and Antitrust Implications: A Study in the Economics of Internal Organization [J]. University of Illinois at Urbana-Champaign's Academy for Entrepreneurial Leadership Historical Research Reference in Entrepreneurship, 1975.

WILLIAMSON O E. Corporate Finance and Corporate Governance [J]. The Journal of Finance, 1988, 43 (3): 567-591.

WILLIAMSON O E. Calculativeness, Trust, and Economic Organization [J]. The Journal of Law and Economics, 1993, 36 (1, Part 2): 453-486.

WILLIAMSON O E. The New Institutional Economics: Taking Stock, Looking Ahead [J]. Journal of Economic Literature, 2000, 38 (3): 595-613.

WILLIAMS R J, BARRETT J D. Corporate Philanthropy, Criminal Activity, and Firm Reputation: Is there a Link? [J]. Journal of Business Ethics, 2000, 26 (4): 341-350.

WRIGHT P, FERRIS S P. Agency Conflict and Corporate Strategy: The Effect of Divestment on Corporate Value [J]. Strategic Management Journal, 1997, 18 (1): 77-83.

WU W, FIRTH M, RUI O M. Trust and the Provision of Trade Credit [J].

Journal of Banking & Finance, 2014 (39): 146-159.

YIM S. The Acquisitiveness of Youth: CEO Age and Acquisition Behavior [J]. Journal of Financial Economics, 2013, 108 (1): 250-273.

ZERBIB O D. The Effect of Pro-environmental Preferences on Bond Prices: Evidence from Green Bonds [J]. Journal of Banking & Finance, 2019 (98): 39-60.